草原雄鹰 /CAOYUAN XIONGYING/
成吉思汗 /CHENGJISIHAN/

杨玲玲◎编著

辽海出版社

图书在版编目(CIP)数据

草原雄鹰成吉思汗 / 杨玲玲编著. —沈阳：辽海出版社，2017.6
ISBN 978－7－5451－4101－6

Ⅰ.①草… Ⅱ.①杨… Ⅲ.①成吉思汗(1162-1227)-传记 Ⅳ.①K827
=47

中国版本图书馆 CIP 数据核字(2017)第 136768 号

责任编辑：孙德军
封面设计：李　奎

出版者：辽海出版社
　地　　址：沈阳市和平区十一纬路 25 号
　邮　　编：110003
　电　　话：024-23284381
　E－mail：dszbs@mail.lnpgc.com.cn
　http://www.lhph.com.cn
印刷者：北京一鑫印务有限责任公司
发行者：辽海出版社

幅面尺寸：155mm×220mm
印　　张：14
字　　数：218 千字

出版时间：2017 年 7 月第 1 版
印刷时间：2017 年 8 月第 1 次印刷
定　　价：29.80 元

《世界名人传记文库》编委会

主　编　　游　峰　　姜忠喆　　蔡　励　　竭宝峰　　陈　宁　　崔庆鹤
副主编　　闫佰新　　季立政　　单成繁　　焦明宇　　李　鸿　　杜婧舟
编　委　　蒋益华　　刘利波　　宋庆松　　许礼厚　　匡章武　　高　原
　　　　　　袁伟东　　夏宇波　　朱　健　　曹小平　　黄思尧　　李成伟
　　　　　　魏　杰　　冯　林　　王胜利　　兰　天　　王自和　　王　珑
　　　　　　谭　松　　马云展　　韩天骄　　王志强　　王子霖　　毕建坤
　　　　　　韩　刚　　刘　舫　　宫晓东　　陈　枫　　华玉柱　　崔　武
　　　　　　王世清　　赵国彬　　陈　浩　　芝　鼐　　姜钰茜　　全崇聚
　　　　　　李　侠　　宋长津　　汪　裴　　张家瑞　　李　娟　　拉巴平措
　　　　　　宋连鸿　　王国成　　刘洪涛　　安维军　　孙成芳　　王　震
　　　　　　唐　飞　　李　雪　　周丹蕾　　郭　明　　王毓刚　　卢　瑶
　　　　　　宋　垣　　杨　坤　　赖晖林　　刘小慈　　张家瑞　　韩　兆
　　　　　　陈晓辉　　鲍　慧　　魏　强　　付　丽　　尹　丛　　徐　聪
　　　　　　主勇刚　　傅思国　　韩军征　　张　铧　　张兴亚　　周新全
　　　　　　吴建荣　　张　勇　　李沁奇　　姜秀云　　姜德山　　姜云超
　　　　　　姜　忠　　姜商波　　姜维才　　姜耀东　　朱明刚　　刘绪利

	冯 鹤	冯致远	胡元斌	王金锋	李丹丹	李姗姗
	李 奎	李 勇	方士华	方士娟	刘干才	魏光朴
	曾 朝	叶浦芳	马 蓓	杨玲玲	吴静娜	边艳艳
	德海燕	高凤东	马 良	文 夫	华 斌	梅昌娅
	朱志钢	刘文英	肖云太	谢登华	文海模	文杰林
	王 龙	王明哲	王海林	台运真	李正平	江 鹏
	郭艳红	高立来	冯化志	冯化太	危金发	仇 双
	周建强	陈丽华	叶乃章	何水明	廖新亮	孙常福
	李丽红	尹丽华	刘 军	熊 伟	张胜利	周宝良
	高延峰	杨新誉	张 林	魏 威	王 嘉	陈 明
总编辑	马康强	张广玲	刘 斌	周兴艳	段欣宇	张兰爽

总　序

　　我们每个人心中都有自己崇拜的名人。这样可以增强我们的自信心和自我认同感，有益于人格的健康发展。名人活在我们的心里，尽管他们生活在不同的时代、不同的国度、说着不同的语言，却伴随着我们的精神世界，遥远而又亲近。

　　名人是充满力量的榜样，特别是当我们平庸或颓废时，他们的言行就像一触即发的火药，每一次炸响都会让我们卑微的灵魂在粉碎中重生。

　　名人带给我们更多的是狂喜。当我们迷惘或无助时，他们的高贵品格就如同飘动在高处的旗帜，每次招展都会令我们幡然醒悟，从而畅快淋漓地感受生命的真谛。只要我们把他们视为精神引领者和行为楷模，就会不由自主地追随他们，并深刻感受到精神的强烈震撼。

　　当我们用最诚挚的心灵和热情追随名人的足迹，就是选择了一个自我提升的最佳途径，并将提升的空间拓展开来。追随意味着发现，发现名人的博大精深，发现时代赋予我们的使命，发现最真实的自我；追随意味着提升，置身于名人精神的荫蔽之下，我们就像藤蔓一般沿着名人硕大粗壮的树干攀援上升，这将极大地缩短我们在黑暗中探索的时间，从而踏上光明的坦途。

不要说这是个崇尚独立思考的年代,如果我们缺乏敬畏精神,那么只能让个性与自由的理念艰难地生长;不要说这是个无法造就伟人的年代,生命价值并不在于平凡或伟大。如果在名人的引领下,读懂平凡世界中属于自己的那本书,就能够成为最好的自己。

名人从芸芸众生中脱颖而出,自有许多特别之处。我们追溯名人成长的历程,虽然每位人物的成长背景都各不相同,但或多或少都具有影响他们人生的重要事件,成为他们人生发展的重要契机,并获得人生的成功。

名人有成功的契机,但他们并非完全靠幸运和机会。机遇只给有准备的人,这是永远的真理。因此,我们不要抱怨没有幸运和机遇,不要怨天尤人,我们要做好思想准备,开始人生的真正行动。这样,才会获得人生的灵感和成功的契机。

我们说的名人当然是指对世界和人类做出突出贡献的伟大人物,他们包括著名的政治家、军事家、发明家、文学家、艺术家、思想家、哲学家、企业家等。滚滚历史长河,阵阵涛声如号,是他们,屹立潮头,掀起时代前进的浪花,浓墨重彩地描绘着人类的文明和无限的未来,不断开创着辉煌的新境界和新梦想,带领我们走向美好的明天。

政治家是指那些在长期政治实践中涌现出来的具有一定政治远见和政治才干、掌握权力,并对社会发展起着重大影响作用的领导人物。军事家是指对军事活动实施正确指引或是擅长具体负责军事行动实施的人,一般包括战略军事家和战术军事家。

政治家、军事家大多充满了文韬武略,能够运筹帷幄,曾经叱咤风云,纵横天地,创造着世界,书写着历史,不断谱写着人类的辉煌篇章,为人们留下了许多宝贵的精神财富和物质财富。

科学发明家是指专门从事科学研究和发明,并做出了杰出贡献的人士。他们从事着探索未知、发现真相、追求真理、改造世界和造福人类的大学问。他们都有献身、求实、严谨和持之以恒的精神，都具有一颗好奇心。从好奇心出发，他们希望探知事物规律，具有希望看到事物本质一面的强烈意识与探索激情。还有就是他们都有恒心，他们在科学研究中不断努力，努力，再努力，锲而不舍，具有永不止步的追求精神。

　　文学家是指以创作文学作品为自己主要工作的知名人士和学者等。其中，诗人是指诗歌的创作者，小说家指小说创作者，散文家指散文创作者，而文学家则是指在诗歌、小说、散文、戏剧等各种文学体裁领域均取得一定成就的创作者，他们是人类精神财富的创造者。

　　艺术家是指具有较高审美能力和娴熟创作技巧并从事艺术创作劳动而具有一定成就的艺术工作者。进行艺术作品创作活动的人士，通常指在绘画、表演、雕塑、音乐、书法及舞蹈等艺术领域具有比较高的成就，并具有了一定美学造诣的人。他们是生活中美的发现者和创造者，极大地丰富着我们的生活。

　　哲学家、思想家是指对客观现实的认识具有独创见解并能自成体系的人士。思想主要是用言语和符号来表达的，而致力于研究思想并且形成思想体系的人就是哲学家、思想家。他们用独到的思想解决生活中遇到的问题，且在此过程中逐渐认识自我与宇宙，以此解决人们思想认识上矛盾迷惑的问题。他们是我们人类灵魂的工程师，塑造着我们的人格，探讨所有人类重要的问题和观念，并创造出一种思考和思想的能力，闪烁着智慧的光芒，照耀着人类前进的步伐，推动着人类思想和精神不断升华，使人类不断摆脱低级状态，不断走向更高境界。人是有思想和精神的高级动物，因此，哲学家和思想家是人类不可或缺的，是我们人类的伟大导师。

企业管理家是最直接创造财富的人。他们创造物质财富,推动社会不断进步,使得人们更加幸福。财富虽然只是一个象征,但它与人们的生活、国家的发展、民族的强盛等息息相关。企业家也创造巨大的精神财富,他们在追求财富过程中所表现出来的创新、冒险、合作、敬业、学习、执著、诚信和服务等精神,是我们每一个人学习的榜样。

我们追踪这些名人成长发展过程中的主要事件,就会发现他们在做好准备进行人生不懈追求的进程中,能够从日常司空见惯的普通小事上,碰撞出思想的火花,化渺小为伟大,化平凡为神奇,从而获得灵感和启发,获得伟大的精神力量,并进行持久的人生追求,去争取获得巨大的成功。

影响名人成长的事件虽然不一样,但他们在一生之中所表现出来的辛勤奋斗和顽强拼搏的精神,则大同小异。正如爱迪生所说:"伟大人物最明显的标志,就是他们拥有坚强的意志,不管环境怎样变化,他们的初衷与希望永远不会有丝毫的改变,他们永远会克服一切障碍,达到他们期望的目的。"

爱默生说:"所有伟大人物都是从艰苦中脱颖而出的。"因此,伟大人物的成长也具有其平凡性。正如日本著名歌人吉田兼好所说:"天下所有伟大人物,起初都是很幼稚且有严重缺点的,但他们遵守规则,重视规律,不自以为是,因此才成为名家并进而获得人们的崇敬。"所以,名人成长也具有其非凡之处,这才是我们应该学习的地方。

英国著名哲学家培根说:"用伟大人物的事迹激励青少年,远胜于一切教育。"为此,本套作品荟萃了古今中外各行各业最具有代表性的名人,阅读这些名人的成长故事,探知他们的人生追求,感悟他们的思想力量,会使我们从中受到启迪和教育,让我们更好地把握人生的关键,让我们的人生更加精彩,生命更有意义。

简 介

　　成吉思汗（1162~1227），全名奇渥温·孛儿只斤·铁木真，即元太祖，蒙古族、蒙古帝国奠基者和世界历史上杰出的军事统帅。他是蒙古帝国可汗，尊号"成吉思汗"，意为"拥有海洋四方"。1271年元朝建立后，忽必烈追尊成吉思汗庙号为太祖，谥号法天启运圣武皇帝。

　　铁木真的父亲也速该有勇士之称，是蒙古部落中强有力的首领之一，后被塔塔儿人毒死。也速该的遗孀诃额仑领着铁木真和他几个弟弟度过了数年艰难的生活。铁木真和他的兄弟们就在贫寒和被欺压的条件下过早地成熟了。

　　少年时期的艰险经历，培养了铁木真坚毅勇敢的性格。面对那些令他无法忍受的屈辱，铁木真发誓一定要用对方的血洗刷自己耻辱。也许就是那时，他性格中的某些东西被点燃了，后来他简直长成了就像一条凶悍和高傲的草原狼。

　　约在1189年，铁木真被各部推举为首领。第二年，他调集3万部队分成十三翼军队迎战札木合3万人，这就是著名的"十三翼之战"。札木合大批地杀害俘虏，其残暴令人发指，因此引起部下不满，纷纷投奔铁木真。铁木真虽然打了败仗，却反而增强了实力。几经征战，1204年，铁木真消灭了乃蛮太阳汗的斡鲁朵，成为了蒙古高原最强大的统治者。

　　成吉思汗曾经三次大举进攻西夏，西夏不得不纳女请和。1211年，他又率领大军南下攻金。1215年，蒙古军占领中都，在辽西消灭了金守军。1218年，灭掉了西辽。1219年，成吉思汗率20万大军西征，向花剌子模发动了侵略战争，攻下不花剌、花剌子模新都城撒麻耳干等城。

后来，蒙古铁骑军继续西侵，远抵克里木半岛，占领了呼罗珊全境。成吉思汗追击新算端札阑丁至印度河，无功而还。1222年，占领达鲁花赤。1223年，还回到撒麻尔干驻下过冬，第二年起程回国。成吉思汗在西征中几路进兵，采取分割包围各战略重镇和各个击破方式，大规模屠杀、夷平城市和签发被俘人员打头阵等残酷手段震慑敌人，解除了自己的后顾之忧。因此，获得了许多大胜利。

成吉思汗统一蒙古各部，为元朝的建立奠定了基础。他的军事才能十分卓越，在战略上重视联远攻近，力避树敌过多。用兵注重详探敌情、分割包围、远程奇袭、佯退诱敌、运动中歼敌等战法，史称"深沉有大略，用兵如神"。另一方面，他作战具有野蛮残酷的特点，毁灭城镇田舍，破坏性很大。

成吉思汗在建国时，成吉思汗就着手制定青册，制定了蒙古族第一部成文法《札撒大典》，是蒙古族正式颁布成文法的开端。《札撒大典》记录了成吉思汗的命令，是他的"训言"，被称为"大法令"。

成吉思汗统一蒙古草原后，大封功臣、宗室，把在战争中已经实行的千户制进一步完善和制度化，创立了军政合一的千户制，先后任命了一批千户官、万户官和宗室诸王，建立了一个层层隶属、指挥灵活、便于统治和能征善战的军政组织，非常适宜于领导和征战。

成吉思汗命令畏兀儿人塔塔统阿创建了蒙古语，史称"畏兀字书"，并教太子诸王学习，从此以后蒙古汗国有了自己的文字。创制蒙古文字，在蒙古汗国历史上是一个创举。

1206年春天，成吉思汗建立了大蒙古国，此后多次发动对外征服战争，征服地域西达中亚、东欧的黑海海滨。1227年，在征伐西夏的时候去世，之后被密葬。

马克思在谈到成吉思汗时曾说："成吉思汗戎马倥偬，征战终生，统一了蒙古，为中国统一而战，祖孙三代鏖战六七十年，其后征服民族多至七百二十部。"

目　录

铁木真的降生 …………………………………… 001
危急中毫无惧色 ………………………………… 004
承受亡父之痛 …………………………………… 007
困苦中坚定信念 ………………………………… 015
重友情结拜兄弟 ………………………………… 022
躲避泰赤乌人的追杀 …………………………… 026
逃出泰赤乌人的魔爪 …………………………… 031
索尔汗石剌搭救铁木真 ………………………… 036
铁木真喜结良缘 ………………………………… 044
面对欺凌必雪耻 ………………………………… 050
与札木合分手 …………………………………… 054
十三联军鏖战沙场 ……………………………… 059
援助脱里汗赢得人心 …………………………… 064
集中兵力首战塔塔尔 …………………………… 069
大破叛友札木合 ………………………………… 073
征讨宿敌塔塔尔 ………………………………… 079
铁木真双娶姐妹花 ……………………………… 082
与王罕彻底决裂 ………………………………… 088
纳忽昆山战乃蛮 ………………………………… 096

处决札木合	101
继承汗位	104
封赏功臣	108
颁布大札撒法令	112
降服周边各部势力	116
跨越帕米尔追剿逃敌	120
蒙古军进攻西夏	126
攻占金国的中都	131
准备征战花剌子模	139
数路大军同时进攻	145
摩诃末受惊病死	152
玉龙杰赤攻防战	156
追击新国王札兰丁	160
接受先进文化	165
请丘处机讲道	172
实施进攻欧洲战略	179
制订稳定中原计划	187
向西夏做最后征讨	193
精心筹划灭金大略	200
成吉思汗临终遗言	204
附：年　谱	210

铁木真的降生

在蒙古高原的北部，有一条自西南向东北延伸的山脉，全长250多公里，这就是肯特山脉，在今蒙古境内。

这条发源于不尔罕山的河流，叫斡难河，即今鄂嫩河。河流从高耸的群峰间冲出，顺着山势，弯曲曲地流淌着。

1162年春，斡难河右岸一个名叫帖里温孛勒塔黑的地方，驻扎着蒙古部落。一座饰有花边的大帐，就是部落首领也速该的帐篷。

因为蒙古部正在和附近的塔塔尔部作战，所有的青壮年男人都随也速该出征了，部落里只剩下妇女、老人和孩子。

也速该的夫人月仑挪动着怀孕的身体，迟缓地走出了白毡大帐。

跟在月仑夫人后面出来的女奴豁阿黑臣说道："夫人，您这几天就要生了，还是……"

"没事。"兴致很高的月仑不假思索地答道，就领着豁阿黑臣和另外两个青年女奴向河边走去。

突然，月仑夫人肚子疼起来，女奴们忙扶她坐下休息，可是她的肚子还是一阵紧似一阵的痛。豁阿黑臣知道夫人要临产了。

月仑夫人在慌乱中慢慢定下心，让青年女奴找了一块厚软的草坪，铺上蒙古袍，女奴扶夫人躺下。

不久，一个婴儿出生了。婴儿出生时，左手紧握着一个血块，恰如一枚赤亮的石头。这是一个男孩。

在月仑夫人临产前夕，也速该在一次对塔塔尔人的战斗中俘获了塔塔尔部的一名头目，这个头目名叫铁木真兀格。为了纪念这一战功，也速该就给儿子取名铁木真。

月仑夫人生下铁木真以后，又生了3个儿子，他们是：合萨尔、合赤温、铁木格。也速该共有兄弟4人，两个哥哥是蒙格秃乞颜、捏坤太子，一个弟弟是答里台斡赤斤。

有一天，也速该正在放鹰捕雀，突然看见篾儿乞人也客赤列都带着从斡勒忽讷部娶到的妻子回家来。

也速该见这个妇人容貌美丽，便急忙回去找来他的兄弟捏坤太子和答里台斡赤斤，准备抢夺这个漂亮的妇人。

也客赤列都看到也速该兄弟，非常恐惧，丢下妻子和她乘坐的车辆，策马疾行而去。

也速该兄弟3人紧追不舍。也客赤列都绕过一个山嘴，又回到妻子的车前。

妻子对他说："那3个人行色可疑，可能要加害于你，你快点跑吧！只要保住性命，像我这样的女子到处都可以找到。如果你想念我，另娶一个妻子，让她叫我的名字吧！现在你想办法逃生吧！闻着我的香气逃走吧！"说着，她脱下一件衣服给也客赤列都作为临别纪念。

也客赤列都刚接过衣服，也速该兄弟就追到了，他急忙逃走。

也速该兄弟从后面追赶，越过了7个山头，没有追上，返回来带走了妇人。也速该引着车子，捏坤太子在前，答里台斡赤斤走在一旁。

就这样，妇人被也速该带回家去，让她做了自己的妻子。她就是后来鼎鼎有名的月仑夫人。

古代蒙古人实行氏族外婚制，同氏族内部禁止互相通婚。掠夺外族的女子为妻，是族外婚的表现形式之一。

也速该抢劫外族的女子，说明当时还保持着掠夺婚的上古遗风，但更多是反映了父权制阶级社会中，依仗权势对外进行掠夺的残酷现实。

也速该抢了篾儿乞人也客赤列都的妻子，对此，篾儿乞人耿耿于怀，所以若干年后，篾儿乞人反过来又去夺抢了也速该的儿媳。

铁木真所出生的蒙古部，在成为草原民族之前，是从额尔古纳河之东兴安岭大山中走出来的狩猎民族。

铁木真所在的氏族叫作孛儿只斤乞颜氏族，经过了不知多少代，在一位名叫孛儿帖赤那的首领带领下，乞颜氏人向西来到了斡难河上游和不尔罕山一带，到铁木真出生时，蒙古部在此游牧、狩猎已经三四百年了。

在当时，蒙古部的男孩子们，从很小就得接受必要的训练，以适应战争的要求。骑马和射箭是最基本的技术，必须做到骑艺娴熟、箭术高超。

铁木真在摇车中长到了 5 岁。他天生聪颖，在父亲的教导下，刚满 5 岁的铁木真就已经学会了骑马和射箭。他从小就立下誓言：

> 我要做最好的骑手和最好的射手！

铁木真常常与同龄孩子们比试骑术和箭术。他性情倔犟、不愿服输，在受到年龄比他大或本事比他强的孩子欺负时候，他总是默默地记住，以后非找机会把对方制伏不可。

危急中毫无惧色

1167年3月,也速该向各部下达了围猎的命令。铁木真随父亲一道,参加了蒙古部20多个氏族的群体围猎,这是他第一次参加这样的活动。

在成吉思汗少年时期,全家人居住的地方,生活就是靠捕杀土拨鼠、野鼠来维持。春季,蒙古牧民过冬的肉食吃尽了,这时的牛羊因为青黄不接,体乏瘦弱而不宜宰杀,所以需要猎杀鹿、黄羊、岩羊、野猪等动物来补充食物的不足。

蒙古人狩猎的主要目的就是以狩猎所得来代替家畜的消耗。此外,狩猎还有3个附属的功能:一是军事训练;二是以所获的珍贵皮毛,换取所需要的农耕社会的物资;三是供人们的日常娱乐。狩猎有两种方式:一是大规模的围猎,二是个人或少数人的行猎。前者是由君长或部族长们领导执行的,后者是个人的行动。根据狩猎对象的不同,狩猎还可以分为虎猎、狐狸猎、黄羊猎、兔猎、野猪猎、狼猎等。

狩猎的对象分为两种,一是禽类,二是兽类。以鸟为对象的,其娱乐成分较多,多半是用鹰来捉捕,君长们所用的是敏捷的青海鹰，以弓箭射鸟，更要把鸟和箭的距离与速度计算恰当，才可射中，不然弯弓射雕，又有什么奇特呢？现代用枪，较之以往，简便多了。狩猎除了具有军事性的围猎外，用猎犬也是可汗们行猎的方式之一。

蒙古人打猎大体从秋末冬初开始一直坚持到第二年的初春。其他季节也有打猎的，但不是主要的。之所以在秋末冬初开始打猎是因为"九月狐狸十月狼"，在农历九十这两个月猎取的皮张质量高，绒毛适当，毛皮成色好，特别就狐狸来说尤其如此，因为狐狸毛皮极为珍贵，错过了这个时段猎取的狐皮，成了"老羊皮"，就不适于做裘皮了。

蒙古人的围猎，如同一场声势浩大的战争，场面壮观，往往是几十人、几百人、甚至上千人参加。在狩猎中，人们要按照一定的单位和战术组织起来，听从统一指挥，既演习战术，又鼓舞士气。

出发的那一天，铁木真身穿羔羊皮小蒙古袍，头戴青缎子披巾，脚穿青鼠皮靴，牵着白马，肩拷父亲为他特制的小弓箭，腰里别着一根灌了铅的打猎用的木棒，在仆人蒙力克的帮助下，上马随父而行。

集体围猎的场面十分壮观。狩猎队伍拷猎具、骑骏马、牵勇犬、浩浩荡荡的场面。他们一般都是逆风而行；发现猎物后紧追不放，猎狗扑前，穷追不舍，在正确判断好距离之后，举枪拉弓或投掷布鲁。其速度敏捷，动作准确，姿态飒爽，好似一场骑术的比赛，也是一场智慧、勇气、胆量的较量。此时的猎队也就是军队。

到了晚上，士兵们用篝火把包围圈的轮廓显示出来，设四五层岗哨把守。随着时间的推移，渐渐将野兽挤压在中心，包围圈越来越小，密度也越来越大，野兽都恐慌甚至疯狂起来，互相扑食，自相残杀。首领总是身先士卒，亲赴最困难的地方，像打仗一样详细部署。所以这种狩猎实际上就是一种练兵，是古代蒙古人的练兵一绝。

经过有计划的合围，猎杀的时刻终于来到了。以也速该为首的各氏族首领首先冲入猎场，其他猎手和部众在指定地点摇旗呐喊，擂鼓助威。铁木真紧随父亲，骑着白马，手举猎棒飞驰而进。

也速该对铁木真说："亲爱的儿子，不要离开我，有些野兽很凶狠，你对付不了。你先学着射猎黄羊吧！"

黄羊和兔子一样跑得飞快，虽然不凶猛，但是体态灵巧，亦不易捕捉。俗话说："兔起鹘落"，可见其速度之快。打兔围和打黄羊围一样，都需要猎手们有高超的骑术和狩猎技术。能不能获得丰富猎物，全在猎人的骑术高低和坐骑的快慢。

就在也速该对铁木真说完不一会儿，在铁木真的小白马下，一只小狼突然蹿了出来，号叫着向前冲去。

狼是本性狡猾且凶残的动物，它能够认人认马认踪，只要是看到地上有猎人的脚印，它就不会再往前走，而是采取迂回战术避开猎人的追杀。这只小狼被大规模的围猎逼迫得昏了头，找不到母狼，就这样误打误撞地蹿到铁木真的马下。

小白马受惊，往旁一闪，马背上的铁木真一下子被甩了出去。事也凑巧，小铁木真快落地时正好重重地砸在狼崽身上。

小铁木真此时竟然还紧紧地握着马缰。他不知道小狼崽子在身下也已断气了。

铁木真虽然受了点惊吓，但他很快镇定下来，像大人一样擦了擦脸上的汗污，抖了抖衣上的灰尘，站了起来。

也速该见到儿子的表现，不住地点头。当天，也速该打了几十只野物。

从第二天起，所有的人一起行猎，有的射猎，有的放狗追捕，有的飞鹰捉拿，场面激烈，十分壮观。

承受亡父之痛

光阴似箭,日月如梭,转眼间,铁木真已经13岁了。这一天,父亲也速该摸着铁木真的头说:"铁木真,今年你已经13岁了,也到了定亲的年龄了。今天,你跟我到你舅舅家去,给你找一个会过日子的好媳妇。"

"我……不想要老婆。我不想去。"铁木真低着头说。

"铁木真,"母亲月仑走了过来说:"怎么不去呀?只有咱们翁吉拉部的女孩子,才有资格做蒙古族首领家的媳妇。要听你爸爸的话,乖乖地和你爸爸去吧!"

在当时,按照蒙古的习俗,贵族是不跟身份不相配的女子结婚的。翁吉拉部和也速该所在的乞颜部身份相当,两个部族的后代结成夫妇,可以说是门当户对,正和习俗。

铁木真想了想,说:"那么,妈妈也去吧,咱们一起到舅舅家去待几天。"

"傻孩子,我不能去,我要是也走了,谁照顾你的弟弟妹妹?再说人多也不方便。"母亲转身走到帐里,随后拿出新做的衣服,给儿子穿上。

这时，也速该站起身说：“说走就走，铁木真，咱们走吧！”

铁木真穿着新大袢儿，不声不响地跟在父亲背后走了。

也速该父子俩骑上了一匹灰色的老马。也速该扬鞭打马，马儿昂头举步，向远方奔去。

父子俩骑着老马在草原上整整跑了一天，在黄昏时分，他们来到翁吉拉部的牧地。

也速该抬头看了看，离岳父家的帐篷已经不远了，就让坐骑放慢了脚步。

这时，一个老人骑着马正迎面走来。那人到了也速该马前仔细看，张口叫道：“哈哈，也速该部长，这可真是难得，没想到会在这里碰上你呀！”

也速该一看，来人是翁吉拉部的老朋友德薛禅，便有些歉意说：“哎哟，是德薛禅老哥呀！我还没有看出你呢。”

德薛禅说：“咱俩可是多年不见了！也速该部长，你还是那样健壮！什么风把你吹来了？快点儿吧，快到我帐里去坐！”德薛禅总是那么热情。

也速该拱着手说：“不不，就不打扰您了。今天我带着儿子是来办一件事情，明天就要回去了，实在没有空呢。”说着又道谢。

"怎么这样忙啊？你说说，到底办什么大事？看我能不能帮你的忙？"德薛禅是真心想留下这个远方的来客。

"老哥既然这样问，我也就不必瞒你了。"也速该指着骑在自己前面的铁木真道，"我这孩子今年13岁，我是特地带他到我岳父家，打算给孩子找个媳妇去。"

德薛禅听完，他把视线投射在铁木真的脸上。德薛禅看了一阵，指着铁木真，对也速该说："也速该部长，你这儿子可是一个了不起的孩子啊！这孩子的眼睛闪着火焰一样的光芒，脸上流露出一股英雄气概！是一个难得的好孩子呀！"

在翁吉拉部落里，德薛禅是一个很有学问、有见识的长老，德薛禅说出的每一句话，历来都是很有分量的。

也速该一听有学问的德薛禅对自己儿子夸奖，当然非常高兴，便笑着说："老哥，说起来呀，我这孩子还真就有些不平常。记得以前我在塔塔尔部打了一场胜仗，活捉了一个叫铁木真的俘虏。你可知道，这个叫铁木真的俘虏英勇善战，我很是佩服他呢。就在我回来的半路上，家里的人就来给我报喜说，我的妻子月仑生了一个儿子。还说当这孩子生下来的时候，左手竟然攥着一块髀石，左手还握着一团血块。"

"髀石？"德薛禅感到很震惊，他接着问道，"就是那打野兽用的髀石？"

"就是打野兽用的髀石。我也觉得这孩子很是古怪。于是就请个算命的先生给算了一下。那个算命的人说，这孩子将来是一个坚忍勇决、盖世无双的英雄，说这孩子他会征服天下做君王！哈哈哈哈……"也速该笑了出来，他认为那算命的在胡说。

"哦……哦……这是很可能的。"德薛禅捻着胡须，若有所思地说，"怪不得我昨晚做了一个特别奇怪的梦。"

"哦？那是什么梦？"也速该一听有些紧张。

德薛禅说："我忽然梦见有一只白色的老鹰，两条腿夹着太阳和月亮飞到我手上来。我吃了一惊，睁开眼睛醒来。我就一直在想，今天，也许会碰到贵人呢！这不？果然碰上了您。现在天已经黑了，也速该部长，还是请到我帐里休息一晚吧。"

德薛禅老人说完，也不管也速该同意不同意，就伸手牵过马缰，拉着马向他的毡帐走去。

也速该一看，再也不好意思拒绝这位热情的老哥，就带着铁木真跟他去了。到了毡帐一看,帐里的各种日用家具陈设都很讲究,而且都干干净净。在漠北,这样的家布置真算得是一户中上人家了。这是也速该第一次到德薛禅家来,看了帐里的这些家具,他更相信在翁吉拉部里,这位德薛禅老哥的确是一个非常有地位的人。

"方才听你说,你今天就是为了给儿子找个媳妇来的,是不是?"大家坐定以后,德薛禅问道。

"嗯,是的,我打算带这孩子到舅舅家去,给他找一个会过日子的媳妇。"也速该答道。

"要找媳妇的话,又何必非要到你岳父家去呢?"德薛禅又看了看铁木真,说,"也速该部长,你知道,我们翁吉拉部向来是以美女多出名的。换句话说,我们部落的美女到处都是。我们可不像你们喜欢弯弓射箭的,我们过着一种平静日子,尽心教养女孩子,养大了就送到那些大王大汗身边,陪这些英雄豪杰过日子。"

"嗯,这些情况是这样的。"也速该点头说。

"老实告诉你吧,我的家里也有一个很漂亮的女儿呢!"德薛禅带着得意的神情,继续对也速该说,"我的女儿是一个很不平常的美人呢,这孩子不但性情温柔,而且举止大方。但可有一样,只要是我看不上眼的男孩儿,不管他拿多少聘礼来请求,我也是不肯轻易许婚的!"在也速该和铁木真面前,德薛禅把他的女儿捧上了天。

也速该说:"照你这样说来,那倒真是一个难得的女孩了!"

德薛禅说:"怎么?也速该部长,如果你不相信,我这就叫我女儿出来,给你看看——孛儿帖呢?孛儿帖!"说着就大声喊他女儿的名字。

"来了。"一声清脆的女孩子应答,从帐后闪出来一个漂亮大方的少女，她款款地向这边走了过来。

也速该一看，真是果如其言。他当场夸赞："的确长得很好，眼睛就像黑珍珠，恐怕天上的星星也没有这样灿烂的光芒呢！"

德薛禅更加得意了，他说："怎么样？也速该部长？我女儿果然不错吧？"

"不错不错！现在我决定，如果你没什么意见的话，我就给我儿子铁木真订下这门亲事！"也速该本来就是干脆的性格。

铁木真和孛儿帖的婚事就在这样一场谈话中定了下来。定亲当天，他们吃了定亲的喜酒。原打算在第二天铁木真要随父亲回去的，可是德薛禅老两口太喜欢铁木真这个未来的姑爷了，就留下铁木真住些日子。

第二天早晨，也速该告别德薛禅一家，扬鞭打马，独自走在回家的路上。在途中，也速该刚走出不远，就遇上了塔塔尔部摆设酒席。按照当地人的习俗，在草原上遇到了筵席就要下马，以示礼貌。饥渴的也速该就和塔塔尔人一起宴饮起来。

塔塔尔部历来居住在蒙古部的东南面，他们占有呼伦贝尔湖区最为富饶的草原，势力相当强大。塔塔尔部当时正与占据中原地区的金国打得火热，而金国也常常支持塔塔尔部挑起与其他各部的争斗。

以前，塔塔尔人仰仗金国的势力，做了很多有损于蒙古族各部的事情。铁木真父亲也速该的三世祖曾是蒙古部首领，他就是被塔塔尔人擒获之后送交金国处死的。蒙古人早就对塔塔尔部恨之入骨。

按照当时蒙古族人的风俗习惯，亲族遇害，就应该毫不犹豫地为之复仇。各部落、各氏族都约定俗成地遵守这复仇的制度。

蒙古部曾经在一次复仇战斗中获得了胜利,并且活捉了塔塔尔部的首领特姆真乌戈。

尽管蒙古族与塔塔尔是世仇,但草原见席下马的规矩谁也不能破,也速该作为一个部族首领,自然要遵守的。

在宴席上,塔塔尔人认出了也速该,就热情地邀请这位部长入席。也速该显然无法拒绝。

也速该按照习俗入席饮酒吃肉,不料,阴险的塔塔尔人在酒席上也不忘仇恨,暗将毒药放在食物中,又在送行酒中下了剧毒。

也速该不明就里,吃肉饮酒,已是在劫难逃了。他在回来的途中,腹部突然剧痛。

也速该立刻意识到自己被塔塔尔人暗算了。他勉强支撑着到了家,一下从马上摔了下来。

夫人月仑忙请最出名的萨满巫师施法治疗,可是也速该仍然不见好转。

月仑又让仆人上山采药,她亲自熬汤解毒。然而,毒药已深入内脏,再无化解救治的可能了。

此时,也速该已经知道自己不久于人世;他示意家仆蒙力克到身边来,抬起头,艰难地说:"我在送铁木真回来的路上,被塔塔尔人在酒席上暗中投毒。我……我现在腹痛……很难受,请你……请你照料……幼小的孩子和寡嫂。你……你现在快去……把我儿子铁木真叫……叫回来!"说完,也速该的头便向一边歪过去。

突然的死亡,也速该来不及做任何准备。他抛下了自己的妻子月仑,还有13岁的大儿子铁木真、次子合萨尔、三子合赤温额勒赤、四子帖木格斡惕赤斤,还在襁褓之中的小女铁木仑。还有自己的别妻速赤吉勒，以及速赤吉勒为他生下的两个儿子别克铁耳和别勒古台。

带着对这个世界太多的不放心和遗憾，也速该撒手而去了！

匆忙赶来的蒙力克以也速该夫妇思念儿子为由，要求将铁木真带回乞颜部。而聪明的德薛禅马上就察觉出有些不对劲，在蒙力克到达当天，德薛禅选出了几匹快马，立刻安排铁木真火速赶回去。

等到蒙力克把铁木真从德薛禅家里急急忙忙带到家里，也速该已经毒发身亡了。铁木真见父亲死去，放声悲哭不已。

母亲月仑面容戚然而严肃地向铁木真传达了也速该最后的遗命：铁木真长大后要替父报仇，踏平塔塔尔，将所有高过车轮的塔塔尔男子都要全部杀掉！

也速该一死，他的部落一下子人心涣散，族人纷纷离开本部落，投到别的地方去了。乞颜部的势力迅速衰落。

首领一死，族内人的反应特别冷淡，月仑带着一帮孩子整日以泪洗面。然而，孤儿寡母的泪水并没有唤起他们的同情，没有人前来抚慰他们。

铁木真仿佛自己一下子长大了许多，他跪在母亲的脚下，哭着立下誓言："无论前途有多艰险，我一定要战胜一切，披荆斩棘，把自己锻炼成一个顶天立地的男子汉，用自己的双手杀死父祖辈的世代仇人塔塔尔人和金人！不达目的，绝不罢休！"

听了铁木真誓言，母亲月仑走上前去，扶起儿子，紧紧搂住铁木真，坚定说道："鹰的儿子不会变成山雀，阳光孕育出来的后代也不会成为马贼，你是天狼星转世，一定要成为全蒙首领，各部汗王！"

听了母亲的话，铁木真及其弟弟们，一齐上前伸出手来，簇拥在月仑周围。

从那时起,铁木真的生活开始贫困下来,他们几个孩子只好与母亲相依为命。家里的财产被人拿光了,他就去野外采集野果和草根来充饥。但是,艰苦的生活不但没有击倒铁木真,反而锻炼了他的意志,健壮了他的体魄。

普通人的生活经历,也使他更加注意保护生产,维持与部众团结的重要性。

渐渐的,铁木真长成了一个英勇健壮而又足智多谋的青年,他寻找着父亲往日部众,并且与父亲好友建立起联盟,这些使得他逐渐恢复了在族内的首领地位。

铁木真认真处理着与周围部落的关系,尽量扩大自己势力范围。

困苦中坚定信念

这年春天,铁木真曾祖合不勒汗之弟俺巴孩的夫人斡儿伯和莎合台两人一起去祭祖,月仑夫人去得迟了些。按道理,祭祀祖先,祭肉是要大家分享的,但这次却没有月仑的份儿。月仑母子到达的时候,发现祭祀已经结束了,桌子上的供品空空如也。

月仑知道迟早都要有这一天了,据《蒙古秘史》里面的记载,面对这奇耻大辱,她质问道:

也速该虽然死了,但是我的儿子不能长大了吗?难道我的儿子们就不能长大成人了吗?祭祖的供品人人有份儿,凭什么不分给我们?你是不是已经不把我们算作是乞颜部的人了呢?

月仑继续质问道:

今天不分给我们供品,不给茶饭,他日转移营地,是不是也想抛弃我们啊?

斡儿伯不等月仑母子，提前进行祭祀的时候，就已经是对捏昆太石兄弟进行了一种试探。

见捏昆太石和答里台并没有什么强烈的反应，斡儿伯知道了捏昆太石兄弟没有胆量去对抗有野心的泰亦赤兀剔家族，于是更加有恃无恐："你们母子遇饭便吃，遇水便饮，我们亏待过你们吗？可祭祀祖先这样大的事情，你们却迟迟不到。既然你们眼里没有祖先，还有什么资格分享祭祖的供品呢？"

此时，捏昆太石和答里台也没有站出来替月仑母子讲话。

斡儿伯看着孛儿只斤家的和主儿乞家的，干脆把话说绝：俺巴孩汗死了，月仑才敢这样横行无忌，说了这些不讲理的话。她既然污蔑我们要抛弃她，我们干脆把他们母子撇在营地里，换一个营地，不要和她们在一起了。

第二天一早，泰赤乌人部的两个头目就率众拔营顺斡难河而去。

月仑夫人和铁木真他们眼睁睁地看着族人都在搬迁帐幕，纷纷离开他们，心里非常难过。就在这时，只有一个叫作脱延朵的叔祖父留在他们这一边，多多少少给了他们母子壮点声势。

但是过了没几天，脱延朵的毡帐也开始拆迁了。铁木真看见时心惊，忙跑来跟母亲月仑商量。铁木真跑去哀求脱延朵："叔祖父，别人可以走，但是您是不能丢下我们不管的呀！我父亲在世的时候，向来是很尊敬您的，而且您也受到了全体族人的尊敬。您这样一走，恐怕所有的人就都要走光了呀！"

脱延朵闷声不响，理也不理地只管拆帐幕。铁木真一看更加着急，就去向察剌哈老人求援，请他出面劝阻。

察剌哈得知铁木真告知的情况，认为这事特别严重，他立刻三脚并作两步，赶到了脱延朵的毡帐那边去劝阻。他说："脱延朵老人，您就看在死去的也速该面儿上，请暂时留下来吧，您就给这孤儿寡妇壮壮声势吧!"

脱延朵听察剌哈这样说,立刻竖起浓眉,把手中的家什往地上一丢,瞪着眼睛对察剌哈喊道:"水都干了,石头也都没了,光我留下来,还能干什么!"

察剌哈继续苦苦相劝:"您的话不能这么说。也速该在世的时候,你们俩那样好,现在也速该死了,留下了那一大帮孩子,你总不应该硬着心肠,就这样丢开他们走了啊!"

察剌哈老人话音未落,脱延朵伸手抓起一根长矛刺向察剌哈。察剌哈躲闪不及,背上被扎了深深的伤口,立即就倒下去了。察剌哈老人忍痛爬起来,踉跄着奔回家。

铁木真得知发生了这样不幸的事故,就急忙赶到察剌哈老人家里去问候。他进帐一看,察剌哈老人正侧着身子躺在毡毯上,合着双眼在那里喘息。

铁木真说:"为了我们一家,害得您吃这么大的亏!没想到脱延朵这样不讲情理。我妈妈一知道这个消息就哭个不停,马上叫我来告诉您老人家,我们一家人,都永远忘不了你的恩德!希望您老人家安心地静养!我相信,您的伤很快就会好的。"铁木真双膝跪倒在察剌哈老人的枕头边,向老人千恩万谢,泪水在他的满脸流淌。

察剌哈老人勉强地睁开了眼睛,他说:"铁木真哪,你父亲刚死没几天大家就叛离你们,投到别的部族去了,我实在是不忍心你们吃苦,去劝脱延朵能够留下来……"老人家停下,喘了几口气。

"哪里想到,这个蛮不讲理的脱延朵,他不但不听我的劝告,反而用长矛扎我,唉!"说着,泪水从老人的眼里流出来。"我已经这么大的年纪了,死了倒还没什么,可是……可是你们母子这样孤单,可怎么活下去呀……"

铁木真带着哭声,竭力安慰老人家。他有气无力地回到家,把察刺哈老人说的话，连哭带诉地告诉了母亲。

听着听着，月仑倒竖起两道柳眉。她说："铁木真，你别这样懦弱，把眼泪擦干。跟我来！"她一把拉住铁木真，疾步出帐。

她跨着大步说："那些人欺侮我们太厉害了！我虽是个女流之辈，难道真的一点儿用也没有吗？现在，我倒要跟他们拼上一拼了！"

母子俩来到周围的帐幕，叫帐里的每个男人都带着武器出来，快速到她的帐前集合。月仑回到自己的毡帐，把一面代表"蒙古汗"的"飞旗"找了出来。

"大家看到了这面旗子，总会想起些什么吧？"月仑不管人数多寡，她挥着那面旗说，"大家跟也速该一起的那段岁月不能算坏吧？前一段时间，有人受了别人的煽动投奔别的部族，现在，又有一批人要走。现在，就请大家看在死了的也速该汗面儿上，跟我把他们追回来吧！"

月仑说完，不待大家说话就跳上马背。她喊道："现在，我们立刻出发！"

大家一看到那面旗子，又听到月仑的号令，就觉得再不能不听这女人的话了。因为在过去，大家毕竟在也速该汗领导下建立过不少功勋。当也速该的妻子月仑夫人把旗子一举起来的时候，众人身不由己地听从了她指挥，上马出发了。月仑举着那面旌旗，带着铁木真在后面压队。

不到半个时辰，月仑的队伍就赶上了另一个更大的搬迁队伍。那是由脱延朵领头儿要搬到别处去的一群叛徒！

脱延朵正扬扬得意地骑在高头大马上往前赶着路，忽听从后面传来一阵喧嚷声。他回头一看，原来是寡妇月仑带着人从后面赶来了。

月仑驱马近前，指着脱延朵说："你是我家的长辈！为什么要丢下我们溜走？我死去的丈夫也速该待你不薄，我们母子也还要靠你扶助，别人走也就罢了，可是你走了，你自己想想，你对得起死去的也速该吗!?"

脱延朵听月仑夫人这么一说，羞得满脸发红，他想不出任何话来回答。最后只有调转马头，不声不响地溜了。

跟在脱延朵后面那伙人看见首领一走，也想跟上去。月仑对跟自己来的人喊道："大家围上来，我看今天不流血，是不能收场的！"

族人被月仑夫人这一吼，不顾一切围了上去。那伙人一时也没主意，有的还要前去，就舞着长矛，横冲直撞地拨开周围枪丛冲出包围圈，没命地跟着脱延朵跑。有一部分人刚一见了月仑夫人的面，手脚就软了，虽然摆出要走的态势，但一时间僵在那里。

月仑见这些人还能留得下来，便缓和口气说好话："大家没有对我动手，我非常感激你们。我希望大家别像脱延朵那样见识短浅。要知道，瓦片还有翻身的日子呢！你们要是能留下来的话，只要我儿子铁木真将来有了成就，就绝不会忘记你们今天的义举！"

铁木真等母亲说完话，见大家的脸色也缓和下来，就立刻跳下了马来，跪在地下，哭着向大家叩头，苦苦哀求。

最终大家被他们母子给感动了，于是一起向铁木真回拜，说："好，不走了，不走了，我们一起苦撑下去吧！"

就这样，总算有一小部分的族人被月仑追了回来。

月仑带着孩子们继续艰难地生活着。在极度困难时候，铁木真一家靠着草根、野果、野韭、野葱度日。

当时流行一首蒙古人的诗歌这样写道：

  生性贤明的月仑母亲，
  抚育着年幼的儿子们，

头戴固姑冠，
腰束带子。
来往于斡难河畔，
采摘树梨野果，
谋度艰苦的日子。
生而有胆识的月仑母亲，
抚育着聪明的孩子们，
手持桧木橛子，
来往于察把赤木地方，
掘取红篙草根，
谋度艰苦的日子。
生而俊美的月仑母亲，
手持木钩棍子，
来往于斡难河滨，
采摘野韭野葱，
抚育着有福的儿子们。
生而贤明的月仑母亲，
以草根养育的儿子们，
都有治国的才干，
生而俊美的月仑母亲，
以野葱野韭养育的儿子们，
都有福禄气象，
月仑母亲抚育的儿子们，
都有英勇气概，
为报答母亲的恩情，
往有鱼的河上去，

坐在斡难河畔，

钓取水中的游鱼，

奉养母亲！

艰苦环境，磨炼了孩子们意志，形成了他们坚忍不拔的性格。铁木真渐渐长大，开始带领弟弟结网打鱼，弯弓捕猎，帮助母亲，担负着作为长子的责任。

铁木真用针制成鱼钩，到斡难河边去钓鱼，有时可以钓到大鱼，但有时却只能钓到类似鲑鱼的茴鱼以及其他小鱼。他把钓来的鱼奉献给母亲。

按照常理，这同病相怜的一大家子更应该相互扶持，度过这流离失所的艰难时期。没想到，家庭内部爆发了一场血腥的冲突。

铁木真的同父异母兄弟别克铁耳，非常好强，他先是抢了铁木真钓来的一条咸水鱼，而且不顾铁木真的警告，抢了铁木真捉到的一只云雀。这可把年少气盛的铁木真给惹恼了，他于是与别克铁耳打斗了起来，怒火之下却拔箭射死了别克铁耳。

闯了大祸的铁木真一回家，他妈妈马上就瞧出了不对劲。知道铁木真射杀了自己的兄弟之后，她满腔悲愤，责骂铁木真："你就像一只要吞食自己胞衣的狗，又像冲向悬崖的野兽，简直像忍不住怒气的狮子，又像吞下活物的蟒蛇……你除了影子没有别的伴，除了尾巴没有别的鞭子，这样我们的大仇怎么能报？"

母亲非常伤心，这对铁木真触动很大，他从此记住母亲的教诲，改掉了鲁莽的性格，克服了打架斗殴的习气，他觉得自己要学得有智慧和有谋略，这样才能成大器。

重友情结拜兄弟

一天,铁木真在家用松枝做箭,别勒古台骑着秃尾草黄马去打鼠,合萨尔带着两个弟弟去捞鱼,母亲领着小妹妹去捡粪。中午时分,母亲领着妹妹刚回家,只见西边扬起了灰尘。

"妈妈,你看那边怎么扬起那么大的灰尘?"铁木仑喊。铁木真听见,以为又来了敌人,便准备迎敌。

一群草原盗贼突然潜来,把这8匹马全部劫掠而去。在这8匹马中,有一匹银灰色骟马,雄骏异常。

铁木真兄弟几人只能眼睁睁地看着这8匹马被歹人抢走,毫无办法,因为当时家中仅剩下的一匹劣马也被别勒古台骑去猎取旱獭去了。

他们几个人在盗马贼后面徒步追了一阵,根本无法追上,只好怅然而回。直到傍晚夕阳西下之时,别勒古台牵着那匹劣马回来。

对于铁木真全家来说,这是一场灾难。因为,铁木真一家只有9匹马,被盗走8匹,这就意味着不可避免的破产和毁灭。

别勒古台一听说马匹被盗走了,当即自告奋勇地要去追回来。

合萨尔说:"你不能去,我去!"

铁木真知道这些马是他们家庭的命根子,追回失马,自己责无旁贷,他对两个弟弟说:"你们都不行,还是我去追!"

说罢,他带上干粮,骑上秃尾草黄马,循着蹄迹,追了下去。他追呀追呀,一直追了3天3夜。

第四天早晨,在路边马群旁遇到一位伶俐的少年,他正在挤马奶。

铁木真上前打听白骟马的消息,那少年说:"今早日出之前,有8匹白骟马从这里被人赶过去了。"

他接着对铁木真说:"朋友,我帮你去追!我父亲叫纳忽伯颜,我是独生子,叫博尔术。"

博尔术是阿儿剌部人。阿儿剌氏与孛儿只斤氏有比较近的血缘关系,纳忽伯颜与铁木真的父亲也速该曾经作过好朋友。博尔术很佩服只身逃出泰赤乌人魔掌的铁木真。因此愿意在铁木真遭遇不幸时,伸出援助之手。

博尔术叫铁木真换了一匹黑脊白马,自己骑一匹淡黄色快马,把挤奶的皮桶用皮盖盖上,扔在外面,也不回家打招呼,就与铁木真出发了。

他俩查踪追寻,一天傍晚时在一家营地外看见了那8匹白骟马。

铁木真对博尔术说"朋友,你在这里等着,我把马赶来。"

博尔术听了,说道:"既然一同来了,为什么我要待在这里。"于是一同过去把马赶了出来。

营里的人听到外面马蹄声响,出来一看,见抢来的马被人赶跑了,便追了出来。一个骑白马的人手拿套马杆,独自赶上来。

博尔术说:"朋友,把弓箭给我,我射死他。"

铁木真说:"这很危险,你不能为了我受害,我去!"说罢,他迎上前去与之对射。

他且射且走,后面的盗贼也陆续赶了上来。此时夕阳已落,天已昏黑,盗贼不知底细,不敢贸然穷追,渐渐被铁木真两人甩远,落在了身后。他两人赶马走了3宿,来到博尔术家。

铁木真说:"朋友,如果没有你,我怎会夺回我的马?我分一些马给你,你要几匹?"

博尔术说:"我的好朋友,因为看见你受苦难,我才帮助你。我父亲置办的家产,尽够我受用,能帮助朋友是一件快乐的事,要是做了好事就希望别人来报答,还有什么意思呢?"

博尔术带着铁木真进了家,纳忽伯颜以为儿子失踪了,正在痛哭流涕,看见博尔术回来了,一面哭一面责备说:"我儿,你说。你怎么了?"

博尔术回答说:"没有什么,我看见这位好朋友有了难处,就和他结伴出去了,现在回来。"说完又走到外面,把他离家前藏在草地上的挤奶用的木桶、皮斗取了回来。

为了给铁木真送行,博尔术杀了一只羊羔,又在皮桶里盛上了马奶,给他做路上的饮食。纳忽伯颜认可了这两个伙伴的友谊,对他们说:"你们两个少年,今天互相照顾,以后也要好好地友爱,互不相弃!"

铁木真告别了博尔术父子,赶着8匹马,又走了3天3夜,回到家里。他母亲和弟弟们见他回来,大家欢喜异常。

他把路上与博尔术结拜为安答的事说了,母亲说:"你结拜好朋友,这是件大好事。"

铁木真与博尔术的友谊就这样开始了,这是铁木真少年时结交的第一位朋友。

从此以后，博尔术随从铁木真，充当"那可儿"，即伴当，共履艰危，义均同忾。当三姓蔑儿乞人袭击蒙古部时，博尔术随从铁木真逃避于不儿罕山，幸免于难。后来他又随从统一蒙古诸部，无役不从，屡救铁木真于危难之中。铁木真称汗后，他与木华黎、博尔忽、赤老温并称"掇里班曲律"，即蒙古语四杰的意思。死后被追封广平王。

躲避泰赤乌人的追杀

一天，察刺哈老人的儿子蒙力克赶来报丧，说他的父亲因伤重去世了！

月仑夫人赶紧帮着蒙力克办完了察刺哈老人的丧事。铁木真看着察刺哈老人的尸体，心里悲痛难忍，禁不住放声大哭。

月仑夫人看蒙力克孤单单的一个人，就叫他搬到自己的家里来，和他们住在一起。

蒙力克尽心尽力地替月仑夫人做家事。

蒙力克来了以后，铁木真家里虽然有了一个像样的家长，可是，生活还很清苦，最主要的是家里孩子太多。

铁木真有3个弟弟，就是合萨尔、合赤温、帖木格，还有一个叫作铁木仑的小妹妹。

另外，蒙古男人是可以随便娶几个老婆的，铁木真还有一个不同母亲的弟弟别勒古台。

孩子多，就得想尽各种方法，去找吃的东西。大家除了到山里捕猎些飞鸟和田鼠以外，还得到河里去打鱼，到山野里挖野菜。他们就这样一天到晚，为了肚子而忙着，可是依然不能填饱肚子。

就这样日子久了，月仑总觉得这个只有孤儿寡妇的家，实在少不了蒙力克这样一个男人。她和大儿子铁木真商量过后，和蒙力克结成了夫妇。

月仑夫人带着这群孩子，正在饥饿中挣扎之际，泰赤乌部族人却召集了蒙古各族，推选新的蒙古汗了。

在这一次的推选大会中，泰赤乌部族仗着人多势大，占了绝对的优势。乞颜族人尽管并没有忘记他们的老主人，可是谁也不敢提到还只有13岁的铁木真，而是把塔尔呼太选为首领。

月仑听到了这个消息，心里难免气愤不平，可是，也只有忍气吞声地等待时机，等孩子长大了再说。

蒙力克为了要给这群孩子们吃得好些，常常独自出去，到深山里去打猎。有时候，他往往当天赶不回来，要在山里过夜，到了第二天，就会赶回来，而且总带了猎取的大量鸟兽回来，让孩子们有一两天的好日子过。

这次，蒙力克已经出去第三天了，月仑总不见丈夫回来。到了夜里，还是看不见蒙力克的踪影。

月仑在孩子们睡了以后，就来到帐幕外面，在夜色中踱来踱去，等待着丈夫蒙力克回来。

夜深了，帐幕外面慢慢冷了起来，天上没有月亮，连星星也看不到几颗。她在黑暗里一直等候到半夜，到底耐不下去了，就摸进帐幕里去，倒在毡毯上了。

月仑才休息了一会儿，一丝极其微细的声音从很远很远的地方，隐隐地传进了她耳朵里来。她就用全副精神来倾听，终于听清楚了，那是马蹄在草原上疯狂奔驰的声音。

她急忙披上衣服起来,走出帐幕,在黑暗里焦急地竖起耳朵,仔细地倾听着。

果然,那急促的马蹄声越来越近,不一会儿,一头坐骑冲到了帐幕的门前来。

"是你站在那里吗?月仑?"蒙力克还没有下马,就这样急急地问道。

"我在等着你呢,3天了,蒙力克!"月仑兴奋地回答。

"月仑,泰赤乌人来了!赶快叫醒孩子们,马上离开这里!"蒙力克急促地说。

"这是怎么一回事?蒙力克,你说清楚一点!"月仑一听,就着了慌,急忙问着。

蒙力克气喘吁吁地说道:"这次,我顺便到泰赤乌部去找个朋友,那朋友好意地告诉我,叫我赶紧回去,因为新汗塔尔呼太说:'羊羔儿的毛脱了,羊羔儿的身体也长大了,得马上动手!'那朋友还告诉我,事情就要发生了,迟一步恐怕来不及,叫我们赶紧走,我就连夜赶了回来。"

"你是说,塔尔呼太怕孩子们长大了报仇,就要派人来杀害我们,是吗?"月仑又问。

"是的,而且听说塔尔呼太会亲自来呢,至少要带100多人前来,天明以前就会赶到这里。"蒙力克下了马,拉着妻子月仑,慌忙奔进帐幕里。

一会儿,孩子们都被叫了起来。大家骑上马,只等动身。

"大家先躲到那边的树林里去。"蒙力克指着西南方的一个树林子,"你们先走,我留在后面挡一阵,能够劝住他最好。"

"还是一起走吧,我看劝也没有用,尽量走远些,比较安全。"月仑不想与蒙力克分开。没有男人在身边,她到底有些不放心。

蒙力克不肯听,还是要她带着孩子先走,唯恐多耽搁时间。她只好硬着头皮,带着一大群孩子走了。

月仑和她的小女儿铁木仑同骑一匹马。她一面走,一面还是不断地回头,总希望蒙力克能跟上来。

过了好一阵子,夜幕低垂,蒙力克连影子也看不见了。她咬着牙,举起马鞭,用力在夜空里挥动,她那坐骑就拉直4条腿,飞也似的向前奔去。

"赶快些,铁木真!"月仑催促孩子们,赶紧赶路。

铁木真跑在最前面,听她母亲一再催促,举起马鞭子,不停地往马身上抽。天还没亮,他们赶了30公里路,到了一座大树林里,才一起停了下来。

大家在树林子里休息时,铁木真并没跟大家一起休息。他在树林子里到处摸索了一阵,看清楚了地势,就叫合萨尔、别勒古台这两兄弟去砍了些树枝,架起了一个防御的木栅栏。

这样布置好了,铁木真才坐下来休息。

看看这些简单的防御工事,铁木真自己也知道并没有多大的用处,只是总比没有要好些。敌人真的追了来,除了拼死命厮杀以外,再没有更好的方法。

合萨尔的箭在打猎时,常常百发百中,大出风头,今夜他就把全副精力集中在手里的一副弓箭上。他把箭扣上了弦,躲在一棵大树背后,注视着展开在眼前一片黑沉沉的原野。

别勒古台也找好一个隐身的地方,不声不响地埋伏好,手里抓紧他爱用的那副骨朵,只等敌人到来,决心要显一显他的小本领。

还好，敌人最终总算没有来袭扰他们。

他们就这样日复一日、月复一月、年复一年地艰苦生活着。抛弃他们的那些人认为，他们一家在斡难河上游无依无靠，必定饿死冻死，除此不会有其他出路。

在漠北那样恶劣的气候条件下，在冷酷无情的社会环境中，孤儿寡母如何能自救？如何能活命？

然而，他们孤儿寡母却活了下来，这是因为，他们是属于古代的刚强的种族。

逃出泰赤乌人的魔爪

铁木真已经长到16岁了。这一年,一个意外之祸又从天而降。

也速该被害后,他的家族中只有寡妻月仑和铁木真等4个幼小的孤儿、一个孤女。泰赤乌部落的人欺负他们年龄幼小,根本没有把他们当一回事。

泰赤乌人的首领塔尔呼太对铁木真母子的消息不断有所耳闻,他本来希望他们在苦难中丧命,没想到他们竟然渡过了难关。这不能不使他十分害怕。

险恶的塔尔呼太担心铁木真兄弟有朝一日会对他进行报复,就决定斩草除根,先下手干掉铁木真,他认为只有这样才能避免后患。

塔尔呼太召集了自己的部众,对他们说明了自己的意图:"我们原来撇下的铁木真母子们,莫不似飞禽的雏儿般羽毛丰满了,走兽的羔儿般已经长成了。我们去探听一下他们的消息吧。"

于是他率领一些人,向铁木真一家的住地扑去。

急促的马蹄声打破了斡难河畔的宁静,黑压压的骑士群预示着一场战争的来临。

月仑很快意识到是泰赤乌人来袭,来者不善,善者不来,她马上招呼全家人迁到树林中躲避。

铁木真指挥合萨尔、别勒古台以树干做掩护，制止他们出去冲杀，避免与敌人短兵相接，用弓箭阻止敌人的进攻。

十几岁的别勒古台已经力大无穷，他迅速砍了一些树木做藩篱，扎成了一个防守的营寨。

合萨尔已成为一名神箭手，百发百中。泰赤乌人冲上来了，他连续射倒了几个冲在前面的小头目。这使泰赤乌人大为震惊，攻势顿时减弱。

进攻的泰赤乌人一时无法得手，铁木真他们一时也不能脱身，战斗进入相持状态。

月仑乘机把年幼的合赤温、帖木格、铁木仑藏在山上的崖缝中。

泰赤乌人为了分化瓦解对方，减轻抵抗，减少伤亡，对合萨尔喊道："我们只要铁木真，叫他出来，其余的人我们一个也不要。"

铁木真听到了他们的喊声，就想挺身而出，让全家人脱离险境。

月仑一把拉住了铁木真，叫他不要上当受骗。铁木真灵机一动，又想出了一个好主意：他飞身跳上一匹战马，对泰赤乌人大叫大骂，然后掉转马头，向山林深处跑去。泰赤乌人跟踪追击。

合萨尔、别勒古台趁机保护全家转移了阵地。

铁木真快马加鞭，钻入斡难河上游森林中去了。

这森林中密密麻麻长满了雪松、落叶松和其他树木，极不利于大部队展开行动。

泰赤乌人见铁木真骑马而逃，便一齐纵马追来。铁木真飞马驰入深山，山上林木更加茂密。

泰赤乌人不敢深入，只好紧紧地围住森林，等待铁木真饥饿难忍之时自己走出林来。

就这样，铁木真独自一人在密林里藏了3天3夜，泰赤乌人也在林外围了3天3夜。到了第四天，铁木真实在饥饿难熬，于是决定寻找一条出路。他牵着马向林边走去。走了几步，回头一看，见马鞍子丢了，只有马的攀胸和腹带还在。

小英雄不知原因，便认为这是天意，是天在保护他，不让他此时出林冒险。于是铁木真又原路返回密林，又在林中躲了3天3夜。最后，饥肠辘辘的铁木真又牵马向林外走去。

待铁木真来到林口，突然一大块白色岩石从山上崩塌下来，滚至他面前，挡住了他的出路。

于是铁木真再一次原路返回，又在密林中坚持了3天3夜。

但到第九天，铁木真实在支持不住了。在整个这段时间，他除了吃过几个野果以外，没有吃过任何食物。他想，与其在这里毫无作为地挨饿等死，不如冒险出去。

决心已定，铁木真便抽出平时用以削箭的刀，来到那块大岩石前，挥刀斩断缠在岩石周围的藤条和树枝，开出一条通道。然后，他牵着马，循着砍开的路向外走去。

他刚一走过岩石，只听一声响，埋伏在林口的泰赤乌人便一窝蜂地扑上来。铁木真被擒做了俘虏。

泰赤乌人在斡难河畔设宴。他们大吃大喝，热闹非常，直至日落西山，方宴罢而散。

此时看守铁木真的是两个身体并不强壮的年轻人。铁木真注意到了这一点，他心中也就估量出了这个年轻人力量的大小。

铁木真是一个年轻力壮的小伙子，而且机敏过人，敢作敢为，果断坚决。他心里盘算着如何利用这个机会，对付眼前这两个年轻人。他耐心地等待着，等到夜幕降临。

泰赤乌人喝足了马奶酒，一个个回到蒙古包去休息时，铁木真便开始按盘算好了的计划行动。

铁木真耐着性子又等了好一阵，河边庆祝宴会上的声音终于完全沉寂了，再看看眼前看守他的这两个家伙，早已躺在地下，打着鼾声，睡得像死猪一样。

他慢慢地挺起身子来，轻轻地走动了几步，看看那两个家伙到底听没听得见。

他来回走了几趟，那两个家伙一点儿反应也没有。他故意放重脚步，又来回走了几次。这时，打呼声虽然停了一下，可是，一会儿又呼呼地打起鼾来。

于是铁木真就放心了。他绕过那两个人的身边，慢慢地走出去，到了门口儿，伸出头去，向帐外仔细地看了看。空地上连半个人影也没有，各个帐篷里，也都寂静无声，灯火也都熄了，看这光景，帐幕里的人都到河边参加宴会去了。

他想：这时如果朝着相反方向逃走，即使宴会里人没醉倒，视线也会被帐幕挡住，不会立刻被发觉，这倒是一个逃命好机会。

可是眼前最大的困难却是脖子上的这个木枷。带着这样一个笨重的木枷，打又打不开，怎能跑得远呢？然而也顾不得这么许多了，他把心一横，钻出帐幕门，背着斡难河，一路飞跑了去。

茫茫四野，往哪里跑呢？藏身于斡难河畔林中吗？那肯定会被搜出来的。铁木真停下想了想，便果断地决定跳入河水中溜到芦苇丛里，只把面目露出水面，一直还戴在脖子上的木枷此时正好做浮子。

才跑过两座帐幕，迎面冲出一个孩子。那孩子一看到他，吓得叫了起来，可是等他才叫了一声，铁木真就把肩上扛着的木枷，迎头撞了过去！那孩子被撞昏了，他才逃过这惊险的一关。

他拼死命跑了一阵，背后响起了一阵喧闹的声音。原来，那两个看守铁木真的家伙醒过来一看人不见了，便大叫犯人跑了。泰赤乌人一听铁木真跑了，马上集合队伍，分头前往密林和沿斡难河搜寻。

铁木真听到了这声音，立刻定了定神，想想该怎么应付这些追兵。草原这样广阔，并没有树林可以隐藏，一路上老是这样跑，总会被追到的。抬头向前面一看，地下横着一条很宽阔的水沟，他灵机一动，加紧跑上几步，扑到那条水沟里去，把身子浸在水里，只让鼻子和嘴巴露在外面好呼吸。

不一会儿，就有几个人从水沟边走过去，嘴里在咒骂："带着个枷，能跑多远！赶紧追，还怕他飞上天去！"

那一队追他的人一边骂一边走过去了，铁木真这才松了一口气。

夜亮如白昼。泰赤乌人一个挨着一个，首先搜到河边的树林中。只有速勒都孙氏的索尔汗石剌向斡难河边走来，他很快就发现了仰卧在水中的铁木真。

索尔汗石剌搭救铁木真

"铁木真!"水沟边上传过来了这样叫声,险些把铁木真的魂儿给吓飞了。他把嘴巴和鼻子一起都浸到了水里去。

"你在这里吗?铁木真!"那声音更近了。

铁木真听到了这第二次的叫声,知道已经逃不过这一关了,就横了心,探出头来回答:"是呀,我铁木真在这儿!"可是,眼皮上都是水,看不清是谁在叫他。

索尔汗石剌走到铁木真身边,用赞叹的口气说:"你真有见识,不愧为一个才能卓越、出类拔萃的人,所以泰赤乌人才这样嫉恨你。铁木真,你就这样躲着,先别起来,等我去把追你的那些人引开,你就趁这空逃走吧!"

铁木真听到这里,才听出来他是索尔汗石剌老人的声音。索尔汗石剌说完就向他摇摇手走了。

泰赤乌人在树林中找来找去,没有发现铁木真的踪影,准备进一步搜查各处。不一会儿,又有一批人从水沟边走了过去,铁木真又逃过了一关。前前后后,水沟边一共走过了6批人,可是谁也没有想到向水沟里看一看。

索尔汗石剌怕他们找到铁木真,于是想法把他们支开,说:"咱们白天让罪人跑了,黑夜到哪里寻找?还是从原路折回,仔细察看一下没有看到的地方吧。假如还找不到,就先回去休息,天亮后再找也不迟。犯人带枷好比鸟兽带箭,他还能跑到哪里去呢?"

大家觉得索尔汗石剌说得有理,草草搜查了一遍,就各自回去休息了。

人们慢慢地走了,索尔汗石剌再一次来到铁木真身旁,悄悄地对他说:"泰赤乌人已经让我给支走,等夜深人静以后,你赶快逃走吧。路上如果遇到别人,千万不要说我见过你。"说完,他若无其事地走了。

索尔汗石剌是泰赤乌人部的部落奴隶,几天前铁木真曾在他家被监护。他有两个儿子,一个叫作沈白,一个叫作赤老温,是铁木真幼年时的小同伴。他们十分同情铁木真,晚上曾偷偷给他去掉木枷,让他安安稳稳地休息。白天,他们尽量给他吃些好东西,还陪他一起谈心解闷。

夜更深了,半明不暗的月光撒满在草原上。铁木真想了再想,决定要离开这水沟,另外找一个藏身的地方。

铁木真估计索尔汗石剌父子能救他脱险,就从水沟里爬出来,沿着斡难河,一溜烟似的奔向索尔汗石剌家去。

索尔汗石剌劳累了半夜,刚睡了一会儿,忽然惊醒发现一个浑身水淋淋、脖子上带枷的人跑来。他一眼认出铁木真,不免大惊失色说:"我不是告诉你,让你去寻找母亲和弟弟吗?你怎么到我家来了?"

"谢谢您老人家救了我一命!"铁木真淌下感激的热泪来,"我实在饿极了,嘴巴又干求您老人家救救我吧!"

这时,索尔汗石剌的两个孩子听到了父亲在帐幕门口的说话声音，心里感觉有点儿奇怪，一起跑到门口来。他们探出头去一看，认出蹲在那里的是铁木真。大儿子沈白先开口了："爸爸，他就是铁木真吧！"

"是的，唉！"索尔汗石剌回答了一声，还叹了一口气。

小儿子赤老温听他父亲叹了一口气，知道父亲是同情铁木真的，便放大胆子劝他父亲说："雀儿被老鹰穷追的时候，树木也会让它隐藏起来的，难道我们还不如草木吗？爸爸，还是救救他吧！"

"弟弟说得对，爸爸，救救他吧！"沈白也劝他父亲。

"好吧！"索尔汗石剌只好点头答应了，做了个手势，叫铁木真进来。

索尔汗石剌同意藏匿铁木真，就到帐外去查看动静。铁木真一到里面，沈白和赤老温两个兄弟就去拿了些家伙来，把铁木真肩上扛着的木枷先给打碎，然后丢到火堆里烧掉。

铁木真对于这两个小朋友实在感激，便向他们拜了拜，说："我将来如果有好日子过，一定要重重地报答你们一家人！"说完，又向索尔汗石剌叩头道谢。

"现在，枷也除掉了，铁木真可以自己吃东西了，你们拿些吃的东西出来吧。"索尔汗石剌这样一说，沈白和赤老温两个就跑到里面去，拿了一大堆马奶、羊肉、麦饵出来。铁木真实在饿极了，渴极了，一看到这些东西，眼前立刻一亮，就狼吞虎咽，毫不客气地吃了一顿饱饭。

"铁木真，现在要给你找一个休息的地方，你是万万不能睡在这个帐幕里的，因为万一被他们找到了，不但对你不好，连我们一家也都要遭到麻烦的。"索尔汗石剌看铁木真吃饱了，就想到了睡的地方。

"只要不给你们添麻烦，什么地方我都可以睡的。"铁木真当然同意。

"赤老温，你去把你妹妹叫出来。"索尔汗石剌对他的小儿子说。

"是，我去。"赤老温就转身进去了。不一会儿，他带了一个娇小玲珑的女孩子出来。铁木真一看到她，心里就很喜爱。

"这是我的小女儿合答安。"索尔汗石剌指着他的小女儿对铁木真说："我想，今晚你就睡到后面的羊毛车里去，叫我的小女儿在那里看着车子，你有什么需要，都可以跟她说，她会照料你的。"

"太使你们劳神了。"铁木真站起身来，又向索尔汗石剌拜谢。

"不必这样客气，但愿你能平安渡过这道难关。"索尔汗石剌也站了起来，"我送你到后面去吧。"铁木真就跟着索尔汗石剌父女到了后面去。

合答安是一个聪明乖巧的女孩子，她拉开车门，先从里面弄出一大堆羊毛来，然后，她叫铁木真进去，等铁木真进去后，她再把羊毛堆进去。铁木真就这样被藏在羊毛车里了。

索尔汗石剌看了看没什么破绽，这才放心地回到帐幕里。

可是，这4月的漠北天气相当热了，铁木真被压在羊毛下面，简直透不过气来。他便在车子里不住地嚷热。

合答安嘱咐他说："不要喊叫，不要喊叫！你要是想保住自己的性命，必须要忍耐才行！"铁木真听了她的话，就不敢再叫出声来，静悄悄地躲藏着。

天一亮，泰赤乌人果然分出几批人马，他们到每一座营帐，都要进里面去搜查，索尔汗石剌家里当然也有人来。

"戴着枷的人，能跑多远！"索尔汗石剌迎出去说。"还没找到吗？"他装作不知道的样子这样问。

"没有，大概是自己人把他藏起来了。"一个带队小头目说，"所以，塔尔呼太要我们出来挨家挨户搜查。他不在你这里吗？"

"要是在我这里,"索尔汗石剌勉强装出一副笑容说,"还要等你们来吗？我早就给你们送去了。"

小头目向营帐里扫一眼,又向帐幕四周围看了看。因为看不出可疑样子,正要走开。这时,忽然"啪啦"一声,合答安手里一只锅掉到地下了。合答安一慌,瞪着两颗眼珠,竟不知道拾起来。

沈白和赤老温装出一副满不在乎的样子,在帐幕边洗马。他们一听到这个声音,也都吃惊地抬起头来看。

索尔汗石剌的脸色早已发了青,却急忙叫骂道:"这个合答安！你还不把锅子捡起来,还等什么！"

"我这女孩子,生下来就一副傻里傻气的样子。"索尔汗石剌赔笑着说,"她一做事情,总是要丢这样,弄坏了那样,真是气人。"

那小头目并没被索尔汗石剌的话哄走,他站住不动,接着说:"不对,我要在你这里搜一搜。"

"好吧,那就请你搜吧。"索尔汗石剌不动声色地说。

十来个人马上分开来搜查。帐篷、马栅、空车子,到处全都搜了一遍,哪儿也没有铁木真的踪影。

"那边有一辆羊毛车,请您过去看一下。"一个搜查的人跑过来,要小头目去搜那辆羊毛车。

索尔汗石剌一听,立刻出了一身冷汗。他硬着头皮跟在小头目背后,一起向羊毛车走了过去。

沈白和赤老温两兄弟站在一边,看那小头目带着人走过去。此刻他们心里正在打算着,万一事情暴露了,怎样去跟这伙人拼命,好带着铁木真逃走。

合答安嬉皮笑脸地跑出来,到了索尔汗石剌身边,一把抓紧索尔汗石剌手臂说:"这些人要买羊毛吗？可是这样热的天,他们买羊毛干什么？"

经她这一阵说笑，就使这场面立刻轻松了不少。索尔汗石剌故意跟她就买羊毛的事儿说个明白："他们不是买羊毛的，是来找一个人的，他们疑心羊毛里会藏着人的。"

小头目一到了羊毛车旁边，就从车里抓了一把羊毛出来。没想到羊毛一到了他手里，都被手上的汗黏住了。看来，在这样热的天气，铁木真要是真躲在里面的话，也早已闷死了。

但这个小头目还不放心，举起刀一下扎进羊毛里！合答安眼睁睁看着，吓得几乎叫出来。索尔汗石剌怕她再露出马脚，赶紧叫她回帐幕里做饭去。

合答安尽量装着满不在乎的样子，可她那颗心快要跳出胸外来了。好在腿还没软下来，她迈开脚步，离开了。

那个小头目在羊毛里扎过了一刀，也就没再扎第二刀。因为他也是不相信，在这样的热天，一大堆羊毛里会藏着人。他招呼带来的那群人，一起到别处搜查去了。

等那小头目走远了，沈白和赤老温怕铁木真闷死，赶紧动手把铁木真从羊毛车子里拽出来。

此时，铁木真已经被闷得迷迷糊糊，神智也不大清楚了。

索尔汗石剌马上叫沈白和赤老温把铁木真抬到营帐里去，叫合答安好好照顾铁木真，他自己走到帐外去观望，怕还有人来搜查。

索尔汗石剌一家提心吊胆的，渡过了这危险的一天。

到了这天夜里，索尔汗石剌送给铁木真一匹草黄色的母马，煮了一只羔羊，盛在皮桶中，用一只背壶装满了马乳，然后拍着铁木真的肩膀和他告别。

铁木真非常感激他们的救命之恩，立即跪下，流着眼泪对索尔汗石剌说："在我逃难的危急时刻，你们全家舍身相救，我怎么感激你们才好呢？"

索尔汗石剌说:"我尊贵的铁木真小主人,你不必多礼,这是我们应该做的事情。我看你年龄虽小,却智勇双全,将来一定是一位了不起的人物,因此,我就应该冒险救你。你以后不要因为富贵而忘记了我们!"

跪在地上的铁木真诚恳地说:"您就是我重生的父母一样,有朝一日,如果我能出人头地的话,我必定要报答你的大恩大德。如果我违背了这个誓言,上天也不会保佑我的!"说完话,又向索尔汗石剌磕头拜谢。

索尔汗石剌连忙弯腰把他扶起。铁木真又对着赤老温弟兄俩行过屈膝礼。站起来后,他又向合答安屈膝跪拜,并对她说:"这次,你为我提心吊胆,为我的炎热和饥渴操这样的心,我铁木真终生也不能忘记你的!"

合答安看到铁木真那样真心地感激她,羞涩地低下了头,接着就跑开了。

这时,索尔汗石剌催促着,叫铁木真赶快离开。铁木真带上弓箭和食物,一步一停,很不情愿地出了门,跨上马,扬鞭而去。

铁木真感念救命之人的恩德,他离开不远,又掉转马头,望着索尔汗石剌的家门,依依不舍。

铁木真沿着草原上蜿蜒曲折的斡难河,快马加鞭,飞驰前进。来到原来的营地,那里已经人去营空,他知道的亲人们为了逃避泰赤乌人的追杀,已经远离这里了。

他沿着雪地上车辙的痕迹,沿着河流而上去寻找失散的亲人。幸亏他在途中没有遇到捉拿他的人,翻过别帖儿山,来到了豁儿出恢山。

只听见有人拍着手,高兴地喊道:"我的哥哥回来了!"他停住马,向草原四周瞭望,远远地看见山的南面有一群行人。他们不是别人,正是他的母亲和兄弟们。

铁木真立即跳下了马,和他们相见。大家各自叙说离别后的情形,母子几人高兴得抱头大哭。

过了好一会儿,铁木真劝大家说:"我一直想念着你们,盼望着你们能够平安无事,我也早些回来,与你们相聚。今天得以幸福地相见,真是非常高兴,为什么反而哭了起来!"

母子几人听了这些话,才都停止住了哭声,各自擦去了脸上的泪水,转忧为喜。一家人热热闹闹,相互簇拥着进入帐篷。

为了躲避泰赤乌人的再次袭击,铁木真一家迁往不儿罕山前的古连勒古山中,这里有桑沽儿小河,河边有叫合剌只鲁格的小山,还有阔阔海子,他们在这里住下了。

这里野生动物很多,其中有一种草原野生动物叫貔狸,体形和老鼠相似,肉味鲜美,是草原上难得的野味。他们就在那里继续靠捕杀土拨鼠、野鼠为食,维持着艰难的生计。

铁木真望着这片迷人的大草原,心旷神怡,说:"我们就在这里居住下来吧!一方面这里比我们原来居住的地方还要肥沃,再一方面这里地势安全,可以防备敌人的入侵。"

蒙古民族是游牧民族,只要是水草丰美的地方,他们就能居住,这是他们的传统风俗。所以,月仑说:"铁木真说得很对,这里的确肥沃,我们就居住下来吧!"

他们就挑选了一块空旷的平原,扎起宿营的帐篷,把原来营地里的仆人和骡马,都全部迁移了过来。

那些被追回来的8匹好马,铁木真非常喜爱,一直精心喂养,全都养得膘肥体壮,雄健有力。

铁木真喜结良缘

光阴似箭,日月如梭,转眼间,铁木真到了娶妻成家的年龄。

有一天,铁木真的母亲月仑对铁木真说:"你的年纪也逐渐大了,你还记得你的父亲在世的时候,为了你的婚姻大事,在回家的途中食物中毒,以致后来身亡,留下了我们母子几个人,几经磨难,历尽艰辛,到现在也还称得上是安然无恙。现在想来德薛禅亲家,也应在一直惦念着你,你也应该去探望一下他们家。如果他答应举行婚礼,倒也可以了结一桩好事情。况且我们家中如果多一个妇女,也好做我的一个帮手。"

话还没有说完,别勒古台就在旁说:"当儿子的也愿意跟随阿哥一齐去。"

月仑说:"也好,你就同他一齐去吧。"

第二天,铁木真弟兄俩,带上了食物,告别了母亲,骑着马,一前一后,起程出发了。行走在美丽的大草原上,青山绿水,空阔无边,蓝天白云,苍茫无际。他们穿行在茫茫的草原上,欣赏着秀美的风光,在不知不觉中,走过了一山又一山,一直朝着翁吉剌惕部落的营地走去。大约走两三天的时间,就到了德薛禅家。

孛儿帖如花似玉，即使在翁吉剌惕部诸多美女中也属佼佼者，致使许多蒙古酋长争相往聘。

德薛禅看见女婿到来了，真是喜出望外，非常高兴，也和别勒古台相互见面。相互问寒问暖之后，就摆设筵宴，迎接高贵的客人。

德薛禅对铁木真说："我听说泰赤乌部落里的人，曾经对你非常仇视，我一直为你担心。今天再次相见，真是上天赐予的洪福！"

铁木真就将过去的经历和各种磨难，详细地叙述了一遍。德薛禅说："吃得苦中苦，才为人上人，看来你从此以后就应当发迹，建功立业了。"

别勒古台又把母亲的求婚意愿，简单地向他说明。德薛禅说："男女双方都已经长大成人了，今天就可以成婚了。"

德薛禅就叫他的妻子搠坛出来会见客人。铁木真兄弟连忙站起来向她行礼。

搠坛对铁木真说："好几年没有见面了，长成这样的身材了，我感到非常高兴！"

他指着别勒古台，对铁木真说："这是你的弟兄吗？也是一个英俊的少年，真是难得！"两人都连声说谢谢夸奖。筵席完毕以后就立即安排婚礼。

到了晚上的时候，一切都布置妥当了，德薛禅就叫女儿孛儿帖换了服装，到帐篷里和铁木真举行婚礼。婚礼完毕，夫妻俩就共同进入到帐篷里，彼此相互观看，一个是威武雄壮的英雄好汉，显得气度不凡；一个是亭亭玉立的美丽新娘，容貌出众。双方都感到非常幸福，手携着手，倒在床上，你亲我爱。

过了3天，铁木真担心母亲在家盼望，就想着回家。德薛禅说：

"你既然想家要回家去,我也不好强留你们。只是我的女儿既然成了你的妻子,也应该一齐去拜见你的母亲,这也是当儿媳妇应该尽到的礼节,我明天就送你们起程。"

铁木真说:"有兄弟陪伴着我,路上可能没有什么危险,不敢劳动你老人家的大驾!"

挒坛说:"我也要送女儿到你家去,也好和亲家母见面。"铁木真劝不住他们,只得听从了他们的安排。

第二天早晨,行李已经备办整齐,就起程出发了。德薛禅和铁木真兄弟骑着马在前面带路,挒坛母女俩,乘坐着马车在后面跟随着。到了克鲁伦河的时候,距离铁木真的家不远了,德薛禅就在这里转身,返回家里去了。

挒坛一直把女儿送到了铁木真的家里,见到了月仑,免不了又是一番初次见面的礼节,又叫女儿孛儿帖拜见丈夫的母亲。月仑看见她戴着高帽,穿着红色衣衫,风姿绰约,不亚于自己当年年轻貌美的时候,心中不禁感到欣喜。

孛儿帖这时不慌不忙,先按照蒙古传统风俗,手里端着羊尾油,对灶头叩了3个头,把油倒入灶里点燃,这就是行祭灶礼。然后又拜见了月仑,跪下一次,叩一次头。月仑只谦虚地接受了半个礼。孛儿帖接着又分别拜见了合萨尔等人,向他们各人送了一件衣物作为见面礼。

另外有一件黑貂皮袄,也是孛儿帖从家里带来的,铁木真看见了,就去告诉月仑说:"这件皮袄,是稀有的珍贵物品。我的父亲在世时候,曾经帮助克烈部落收回了原来的领地,克烈部落里的汪汗和我的父亲关系很铁,结成了同盟。我们眼下正处于穷途末路,还得依仗别人的扶持,我想把这件皮袄献给脱里汗。"

塔塔尔部是他们的共同敌人,脱里汗的祖父马儿忽思杯禄汗，曾被辽朝任命为"诸部长"，1092年起兵反辽，1100年依附于辽的塔塔尔部纳兀儿杯禄汗进攻克烈部，俘虏了马儿忽思杯禄汗，将他送到了辽朝。辽朝皇帝下令将马儿忽思杯禄汗钉在木驴上处死。

马儿忽思杯禄汗的妻子忽秃黑台为了复仇，假意向纳兀儿进献100只羊、10匹马和100袋酸马奶，袋子里实际上暗藏了100名全副武装的士兵。

纳兀儿举行宴会欢迎她，那100名士兵突然跳出来，将他以及许多塔塔尔人杀死。

后来塔塔尔部的阿泽汗又攻打克烈部，克烈大败，13岁的脱里和他的母亲一起被掠去。阿泽汗命脱里牧放骆驼，脱里想方设法才得以逃出。

原来，铁木真之父也速该曾经援助过脱里汗，两个人是结义兄弟。马儿忽思有两个儿子，一个是脱里汗之父忽儿札胡思，另一个是古儿汗，众人的汗王。

忽儿札胡思继承父位，也称杯禄汗，强盛一时，分封子弟于东西境。他死后，长子脱里继承了汗位，为了独揽大权，脱里汗杀死了他的4个弟弟中的两个弟弟：台帖木儿、不花帖木儿。他的叔叔古儿汗起兵讨伐，脱里汗失败，仅带100人逃到山谷里。

后来脱里汗来到也速该那里，乞求说："请帮助我夺回被叔父古儿汗抢占的部众。"也速该出兵将古儿汗驱赶到了西夏，脱里汗复得克烈部众和土地。

为此脱里汗感激地对也速该说："你的恩德，我的子子孙孙不会忘记报答的，我们友情天地可以为我们作证！"两人结为生死之交。

在铁木真正在兴起的时候，克烈部地广人众，脱里汗人多势众，好像已是蒙古高原的一方霸王。铁木真要借助强势，就必须与脱里汗结盟。

当然，当时的铁木真的地位要求他只能以谦恭的态度去拜见父亲昔日的安答。

铁木真心里想到，父亲的安答，就如自己的亲父亲一样。所以他拿上孛儿帖父母给翁姑的陪嫁黑貂皮袄，以作为见面礼。由合萨尔、别勒古台两人相随，到脱里汗所居的土兀剌河，今天土拉河畔的黑松林。请求脱里汗帮助他复兴大业。月仑听了以后，点了点头，说这个办法很好。

捌坛回家去以后，铁木真又把家族迁移到了克鲁伦河，叫兄弟们和妻子，和月仑居住在一起，自己和别勒古台，携带着黑貂皮袄，直接去拜见脱里汗。脱里汗见到他们兄弟两人，表示非常欢迎。

铁木真就把皮袄献给了他，并对他说："你老人家与我的父亲从前是很好的朋友，现在见到你老人家，就像见到我的父亲一样！今天来到这里的时候，没有其他贵重的物品献给你，只有我的妻子从她家里带来的一件皮袄，这是她献给母亲的礼物，我把它转赠给你老人家！"话语非常诚恳。

脱里汗非常高兴，收下了皮袄，还询问他目前的情况如何。听完铁木真回答的话以后，脱里汗对他说："黑貂皮袄的报答是帮助你把离散的部众召集回来；黑貂皮袄的报答是使你的涣散的百姓聚拢回来。我心里好记着这件事！"

铁木真向他磕了磕头，对他很感激。他们在那里住了几天以后，就向主人告辞，准备回家，临别时，脱里汗也向他赠送了丰厚的礼物。他们又奔波了好几天，才得回到原来的营地。

在铁木真一生的事业中，他的夫人孛儿帖也起了应有的作用。

她对铁木真来说是一种力量的源泉。

首先，她给铁木真生了4个儿子：术赤、察合台、窝阔台和拖雷。但特别应当指出的，她还是英雄铁木真言听计从的睿智的参谋。在她的令人生畏的丈夫的眼中，她一直享有极高声望。

但在成吉思汗诸子中，最后分得父亲遗产的只有孛儿帖所生之子。在成吉思汗众多妻妾中，也只有孛儿帖地位最高，最受尊重。

铁木真得到强有力的克烈亦惕部首领保护，重振家声，恢复了他的氏族。但是，草原上这类大大小小的王国极不稳固，正当这位年轻首领认为前途已有保障时，又飞来一场横祸。

面对欺凌必雪耻

在铁木真新婚不久的一天早晨,月仑的女仆豁阿黑臣起床做家务。她忽然隐约听到一种奇怪的声音,便俯首帖耳于地面细听,听出是马群在奔驰的声音。

女仆立即起身,先跑到月仑的宿处,连声叫道:"阿母,阿母,快快起来!"

月仑被女仆叫醒,便命她速去叫醒几个儿子,自己则立即穿衣起床。

铁木真惊慌起来,说:"难道是泰赤乌部落的人又来了?现在如何是好!"转眼之间,全营里的人都起床了。

全营的人刚刚穿衣起床,就远远看见有大队人马像龙卷风似的扑来。不过,这次并不像女仆豁阿黑臣所估计的那样是泰赤乌人来袭,而是篾儿乞部前来奔袭。

篾儿乞部也是一个蒙古部落,住在贝加尔湖以南。这次来袭的篾儿乞骑兵有300人,他们企图采取突然奔袭的办法打击也速该诸子。

篾儿乞部与也速该一家早已结下怨仇。月仑夫人就是也速该生前从一个篾儿乞惕人抢来的新娘。自那以后,篾儿乞部一直想复仇而没有机会,现在他们认为时候到了。

他们想去仇人部落尽掳其妇女,首先要掳去铁木真的新娘孛儿帖,以报篾儿乞部妇女昔日被掳之仇。

篾儿乞人鞭马直奔铁木真的家,途中截获铁木真的妻子孛儿帖。然后,按照踪迹奔向不尔罕山,去追赶铁木真。

篾儿乞人环绕不尔罕山搜索了3遍,没有发现铁木真,又企图进入山里去寻找,可是泥沼难行,常常连人带马一起深陷下去,茂密的树林,就是蛇也难以钻入。

铁木真在不尔罕山上,派别勒古台、博尔术、者勒篾3人下山侦察情况,并对他们说:"三姓篾儿乞人回去了呢,还是埋伏在路上?跟踪他们3天,回来告诉我!"

待确信篾儿乞人已经退走之后,铁木真一家才走出不尔罕山。

铁木真带上合萨尔、别勒古台来到土拉河黑林,向克烈部脱里汗求援:"我没料到三姓篾儿乞人把孛儿帖抢掠去了,我的汗父,请你一定帮助搭救我的妻子。"

脱里汗痛快地答应铁木真的请求。这里面还有一个原因,就是篾儿乞人也是脱里汗的仇敌。

这场对篾儿乞部的战争是一场大规模的战争,因为篾儿乞部也是一个实力强大的部落联盟。占据的地盘是外贝加尔湖广大的草原和森林地带。

为了有必胜的把握,脱里汗还邀请另一个蒙古部落首领与他们合作,这就是札答阑部的札木合。

蒙古札答阑部在辽代时就很著名,札木合家族是该部世袭的统治者。

札木合与篾儿乞也是仇敌,因为篾儿乞曾经劫掠了他的财产和百姓，后来他靠着自己的机智，才得以收回部众。

札木合和铁木真在少年时代还是亲密无间的朋友，并两次结为安答，安答之间本来就应当彼此救援，何况这时的札木合正在统治着蒙古的强部，已经是一位草原英雄了。

克烈部脱里汗答应出两万骑兵，作为联军的右翼。他建议铁木真和札木合也出两万骑兵，作为联军的左翼。脱里汗还表示，联军的集合地点由札木合确定。

遵照脱里汗的建议，铁木真派他的两个弟弟合萨尔和别勒古台前往札木合处求援。

札木合当着铁木真派来的两位使者的面制订了作战计划。

铁木真、脱里汗他们抵达了指定的集合地点孛脱罕-孛斡儿只草原。

联军会师以后，即从孛脱罕-孛斡儿只出发，越过今俄国边界，浩浩荡荡地向北挺进。

他们翻过库沐儿山，顺赤可亦河的蒙扎谷而下，穿过灭儿汗山口，突入篾儿乞部腹地，至勤勒豁河。

他们结筏渡过勤勒豁河，然后便像一股龙卷风似的扑入不兀剌草原。不兀剌草原上有许多树木，位于乌达河流域。

他们原想通过突然袭击，趁脱黑脱阿在睡梦中抓住他。但是在勤勒豁河捕鱼和捕貂的人首先发现了他们，便星夜去禀报，脱黑脱阿遂同兀洼思篾儿乞部首领答亦儿兀孙带着少数亲信慌忙而逃。

他俩刚刚顺色楞格河谷而下抵达巴儿忽真河，札木合的联军就占领了脱黑脱阿在不兀剌草原上的营地。

脱黑脱阿等人虽保住了性命，却抛下了部落里的一切，蒙古包、各家人丁、食物储备等统统落入了联军之手。

脱黑脱阿数万铁骑，突遭夜袭。篾儿乞部营地顿时一片混乱，人们纷纷四处逃散。

联军骑兵跟着人群追杀掳掠，截获人员财产无以计数。但铁木真此时无心顾及战事，一心只想寻找亲爱的孛儿帖。他扑向一群逃跑的人，恰恰就在这一群人中，他发现了孛儿帖，与孛儿帖拥抱在一起。

三方联军完成了预定的作战计划以后就分手了，至少克烈部的脱里汗已率众同友军告别，回到了库伦附近土拉河上游营地黑林。铁木真和札木合一同来到斡难河附近的豁儿豁纳黑川下营。

与札木合分手

铁木真和札木合两人是童年时代的朋友,但彼此长大以后没有什么来往,此次共同讨伐篾儿乞部的战争使他们恢复了童年时的友谊。不过,在群雄争霸草原的年代,像铁木真和札木合两个这样充满野心的豪杰之间,不可能有长久的友谊,他们的分裂,只是迟早的事情。

诚然,论出身,铁木真的门第可能要比札木合高,因为他是王室的后裔。但是,此时此刻,札木合的势力无疑要比铁木真强大,此次讨伐篾儿乞部的战争由札木合扮演"元帅"角色就足以证明。

但他俩之间的关系是建立在友谊基础上的。他俩互赠战利品,铁木真把从脱黑脱阿那里掳获的一条金带和一匹小驹海骝马送与札木合;札木合则把他从答亦儿兀孙那里掠来的一条金带及一匹白色良种牝马送给铁木真。

他俩在豁儿豁纳黑川险如刀削的忽勒答合儿崖前,一棵茂盛的松树下,举行盛筵以缔盟约。

春天又来了,春草萌发,万物复苏,逐水草而居的游牧民族开始了移营的活动。

铁木真与札木合同车共载，率部前进，长长的车队、遍地牛羊马匹一眼望不到尽头。

面对日益增多的部众，札木合若有所思，回头对铁木真说道："铁木真安答，我们究竟迁往何处呢？是依山扎营，还是临涧驻扎？依山扎营，牧马人和马群可以在帐房附近活动，行动方便；临涧驻扎，牧羊人可以和羊群在一起，羊儿的咽喉里有吃有喝，饮食方便。"

铁木真一时摸不准札木合说话的用意，便装聋作哑没有立即回答。

两人相对无言。马车碾过青草，队伍继续向前移动。不一会儿，铁木真借故跳下车来，等待着后面的月仑和孛儿帖。

母亲和妻子坐在一辆车上，很快来到铁木真面前，铁木真向母亲复述了札木合的话，说："我不知札木合说这话用意何在，不便表示意见，特来向母亲请教。"

没等月仑开口，孛儿帖就抢先发话了："人们都说札木合喜新厌旧，不可久处。他大概是讨厌我们了吧？他那几句话弦外有音，似乎是要图谋我们。我们别在这里下营了，干脆离开他，让我们的百姓连夜前进吧。"

札木合的话也许本无"图谋"之意，只不过是说"分开过，方便一些"。

而且，随着畜牧业内部分工的日益明确，雄壮的马匹和温顺的牛羊往往需要分头放牧，不同的畜群对牧场有不同的要求。札木合的部落联盟经过多年发展，估计会有相当多的马群。

铁木真的百姓刚刚收集，他们长期寄人篱下，不可能有多么富足，大概马群不多，或者只有一些牛羊。在一起扎营，对双方都不太方便，这倒是实际情况。而对这个情况采取一些措施，也未尝不可。

但札木合说话含蓄，使人不解其意；孛儿帖也是不求甚解，随意猜测，于是这句话变成了铁木真与札木合分裂的导火线。

这里我们接触到了未来的成吉思汗性格的有趣的一面。在他的一生中，每当事处关键，必须做出重要决断而他又犹豫不决甚至近乎畏首畏尾之时，总是他的夫人孛儿帖出面帮他做出决断。

而一旦孛儿帖发表了看法，他便立即称善，并且不惜以身家性命为代价去按照孛儿帖的意见行动。

当时蒙古各部落的人们都隐约有一种统一的愿望，札木合和铁木真两人都想利用这种愿望。问题在于这两个人中，究竟谁善于利用这种愿望并成为真正的得益者呢？精明的孛儿帖很可能已意识到了这一点，所以她要丈夫及时争得行动自由，以便尽可能早地成为统一事业而奋斗的人物。

就这样，在夜幕降临之时，铁木真的车队人马并没有像往常那样即昏便息，而是继续向前赶路。队伍走了一程，不期来到另一个在迁徙中夜间扎营休息的部落。这个部落不是别的部落，恰恰是铁木真的宿敌泰赤乌人的一个部落。

泰赤乌人被惊醒，黑夜中看到一队人马，以为是有人前来夜袭，顿时一片混乱，仓促拔营，趁夜色逃往札木合营地去了。

铁木真率众通宵而行。天亮之时，人们方看清楚是哪些人跟着年轻的首领铁木真来了，哪些人已留在了札木合处。

离开札木合的人便陆续加入到他的队伍里来。他们20多个氏族部落有40多人。这些人的情况分为两类：第一类是各部、各氏族的散亡分子，他们是以个人身份来投靠铁木真的，其中包括后来成为蒙古国大将的把鲁剌思氏忽必来、兀良合氏速不合者勒篾的弟弟、巴阿邻氏豁儿赤等20余人。

第二类情况是拥有自己属民的乞颜氏贵族,他们追随铁木真怀有各自的目的,这些人是主儿乞氏,合不勒汗的长支,撒察别乞、泰出,忽图剌汗之于阿勒坛,铁木真的叔父答里台斡赤斤,捏坤太子之子包察儿。

巴阿邻氏豁儿赤的到来使铁木真感到高兴,因为豁儿赤的祖先是孛端察儿,是成吉思汗的十世祖,掳来的妇人所生的儿子,也就是巴阿邻氏的始祖。而札木合的祖先,也就是札答阑氏的始祖,也是这个妇人所生,他们原本是一家。豁儿赤肯背叛札木合而来,说明札木合内部已经破裂。使铁木真更加高兴的是,豁儿赤给他带来了吉兆。

豁儿赤对铁木真说:"我与札木合是一家,因此不应当背叛札木合,但是神明向我指点了一个情形,有一头惨白色的乳牛围绕着札木合,撞了他的座车,把一只角撞斜了,吼叫着说还我角来,又向札木合撞去。又有一头无角的犍牛,拉来一个大座车,从铁木真身后走来,吼着说,天地神祇都商量了,让铁木真当国王,现在我把国给送来了。因此之故,我先来报知吉兆,铁木真,如果你当了国主,你将怎样使我快活?"

豁儿赤的预言,给了羽翼方张的铁木真以巨大的鼓舞,他立刻回答豁儿赤:"我真的当了国主,封你做万户那颜。"豁儿赤则摇了摇头,说:"我报知吉兆,你却只封我为万户那颜,还算快活吗?我还要从全国挑选30个美貌女子做我的夫人,并且你要听从我的谋划和建议。"对此铁木真也毫不犹豫地答应了。

铁木真带着属于自己的部众,来到了他以前的住地,不儿罕山前的古连勒古山中。在这里,他以崭新的姿态投入激烈的争霸斗争。

从蒙古史诗中所列的名单可以看出,在两个首领分道扬镳时,人们在黑夜中突然根据自己的意愿各投其主，在同一个部落，有时甚至是在同一个氏族中往往出现出人意料的分开。

到了桑沽儿河原来的营地，那时人多势众，牲畜成群，铁木真胸怀大志，长期招兵养马，想建立起一个庞大的部落。小有成就，就想建功立业，铁木真萌发了勃勃的雄心。

这时从前离散的部落牧民，也逐渐归来，投靠铁木真。铁木真不计前嫌，对他们加以多方优待，因此远远近近的民众，听到这个消息，都争先恐后，纷纷前来投靠。

自从也速该死后，蒙古各部群龙无首，社会动荡，人畜不宁，人民居危思安，希望过上和平的生活。因此，大众拥戴铁木真，希望立他为全蒙古的汗主。1189年5月的一天，铁木真继承汗位，成为蒙古部的新首领。这一年，铁木真28岁。

铁木真做了部落首领后，任命官员，各司其职，开创了一派帝王气象。

十三联军鏖战沙场

　　札木合对铁木真成为成吉思汗这件事，表面上看他们俩似乎彼此相安，但札木合一直在寻找机会。事实上，札木合与铁木真之间的冲突是不可避免的。而一件意外发生的小事，给札木合等人提供了兴兵的借口。

　　札木合有一个叫台察儿的兄弟，有一次跑到铁木真部下拙赤答儿马剌的牧地上，盗走了一群马。

　　撒阿里草原是因为萨里河而得名，在篾儿乞部落的西南边境上，原来就是忽都剌哈汗的大儿子拙赤居住的地方。

　　忽都剌哈汗乃是也速该的叔叔，他的大儿子拙赤是铁木真的叔叔。就在他部落的人在草原放养马时，忽然来了别的部落的人，抢去他的几匹好马。拙赤部落牧民见对方人多势众，没敢抵抗，就立即去报告给了拙赤。

　　拙赤一听自然非常气愤，连忙走出营帐。他也来不及骑马，就独自一个人手持弓箭前去追赶。蒙古民族历来勇武剽悍，胆量过人。从早晨追到下午，拙赤追赶了几十公里路程，直到天色很晚时，他才看见有几个人牵着马向前走。那群马正是拙赤自己的牧群。

拙赤想到众寡悬殊，难于取胜，就静悄悄地跟着那些人后面。等到了天色昏黑的时候，拙赤冲了上去，搭上箭，拉开弓，一下子把领队的人射倒。

紧接着，拙赤大喝一声，响声像雷一样震荡山谷。盗马的人一时弄不清到底有多少人追赶上来了，顿时惊慌失措，四散逃开。就这样，拙赤成功地将丢失的马追回来了。

那个被拙赤射倒的人就是札木合的弟弟秃台察儿。札木合听到了这个报告，愤怒地说："铁木真实在是忘恩负义！我早就想消灭他了，只是没有找到合适的机会。今天，他的牧民射死我的亲弟弟，这个仇要是不报，我札木合还能算是人吗？"

札木合因为胞弟被杀，将仇恨算在了铁木真身上。他立即向塔塔尔部落和泰赤乌部落，以及邻近各个部落派遣使者，约定共讨铁木真。札木合组成了13个部落的联军，共有3万多人。

这13个部落的联军，除了礼木台所属的札答阑部和杉树的部落之外，包括翁吉剌惕、合答斤、朵儿边等部落，他们都是铁木真家世世代代的仇人。13个联军气势汹汹地向铁木真这边冲杀过来。

这时的铁木真，对札木合的进攻还浑然不觉。在当时，札木合部下有个名叫捏群的人，心里向着铁木真，他赶紧想办法将札木合兴兵的消息报告给了铁木真。正在打猎的铁木真得到这条警报，连忙召集部落民众，把所有的家族和亲戚朋友，随从和奴隶编入军队整装出发。他一共召集到了3万多人，分作13个支队。

这13个支队中的第一队是铁木真的母亲月仑夫人统率的部属，第二队是铁木真统率的诸子、那可儿，第三队到第十一队是乞颜氏贵族们统率的部属，第十二队和第十三队则由来依附的旁支尼鲁温氏族人组成。因此，铁木真所能直接支配的兵力，实际上并不很强大。这就是铁木真统一蒙古高原过程中著名的战役之一，是元朝初期发动的第一次大战，即"十三翼之战"。

铁木真的3万大军迎出了一段距离，远远看见敌人已经翻过了山岭。13个部落的联军铺天盖地，汹涌而来，那架势就像电闪雷鸣般咆哮着，瞬息之间，他们就冲到了铁木真面前。茫茫草原，被大队人马践踏得尘土飞扬，天昏地暗。

铁木真见敌人来势特别凶猛，知道事情不妙，他命令队伍一边抵挡，一边按顺序撤退。

大军的各支队撤退到山谷中，铁木真立即命令博尔术截断后路，堵住了山谷的入口，其他各队迅速退入深谷，马上休整。当时清点各部民众，伤亡人数的确不少。所幸的是，军队撤退时秩序良好，没有过于散乱，这才没有造成更大的损失。

战争的结局是铁木真失利，札木合取得了胜利。札木合得意地宣布："我们已经把铁木真赶到斡难河的狭谷中去了。"于是，札木合下令班师回营。

但是，札木合在回师的时候，下令在火上架起了70口大锅，将被俘的铁木真将士放入锅内活活煮死。泰赤乌人在胜利之后，也是志得意满，对待部属恃强凌弱，掠夺他们的车马和饮食。他们这样做的结果，自然引起部属的强烈不满。从深刻的意义上讲，札木合与泰赤乌人虽然在军事上取得了胜利，但是在道义上和政治上，他们却遭到了最严重的失败。

相比之下，铁木真就比他们高明多了，他善于赢得人心，甚至能够把敌手吸引到自己一方来。就在十三翼之战战后时隔不久，札木合手下心怀不满的兀鲁兀部术赤台、忙忽部畏答儿等人，各率所属族人离开札木合，大队人马前来投靠了铁木真。

畏答儿和术赤台后来成为铁木真的两员骁勇的战将。铁木真家的亲信晃豁坛部的蒙力克，曾经随札木合游牧，由于札木合在此战后多行不义,这时他也率领7个儿子离开札木合,来到了铁木真这里。

泰赤乌的属部照烈部的驻地与铁木真的驻地相近,有一天照烈人和铁木真都来到草原的一座山上打猎。铁木真有意将被围的兽猎赶向他们,结果他们这一天的围猎收获比平时多了几倍。

照烈部人自然是很高兴,他们说:"我们和铁木真就在这里一起过夜吧!"他们共有400余人,由于没有带来锅和粮食,有200余人回自己的住所去拿吃的了,剩下200余人在此过夜。

铁木真得知这一情况后,立刻下令把他们所需的锅和食粮全部送了过来。

在第二天的打猎中,铁木真继续故意将野兽往照烈人一边赶,让他们猎获更多了。照烈人十分感激铁木真,大家都说:"泰赤乌部将我们扔在一边,不理睬我们。以前铁木真同我们并没有交情,现在他却能厚待我们,给了我们这些吃的,又几次把猎物赶向我们,他可真是个关怀自己的部属和军队的好君主哇!"

照烈人返回自己营地的时候,一路上,他们向所有的部落传颂着铁木真关怀他人、乐善好施的君主风度。不久,照烈部的首领与族人商议:"我们应该迁到铁木真那里去,像这样的好人,我们理应听从他的吩咐!"

因为不是所有的人都同意,照烈部的首领便带着自己的部众投靠了铁木真。那些犹豫不定的人一看首领带人投靠了铁木真,也都随着一起来了。

投靠来的照烈部人对铁木真说:"我们就像没有男人的女人,没有牧人的羊群一样,泰赤乌的贵族每时每刻都在毁灭着我们。为了我们的友谊,让我们和你一起用剑去作战,去歼灭你的仇敌吧!"

铁木真动情地说:"我就像个睡着的人,你们拉我的头发把我唤醒；我正在石头之中动弹不得，你们从石头下拉出了我，让我能够站起来。我一定要尽力来报答你们！"

归附了铁木真的照烈人，有的人虽然在以后未能实践自己的诺言，又从铁木真那里反叛了，但是，又有更多照烈人和泰赤乌的其他属民，陆陆续续来到铁木真这里。这些人说："泰赤乌贵族总是平白无故地压迫我们、折磨我们，可是，仁慈的铁木真却将自己身上穿的衣服脱下来给我们，把自己骑的马让给我们。他才是一个能为大家着想，为军队操心，还能把国家管理好的君主呢！"

还有一位勇士叫哲别，以善于射箭著称，曾经为泰赤乌首领布答效力。哲别蒙古语的意思是善于射箭。当铁木真战斗正酣时，他射死了铁木真的战马，也是因为一个叫赤老温的猛将首先被铁木真收留，哲别也前来投入了铁木真的军队。

铁木真曾经问过射伤自己爱马的那个人是谁，投奔过来的哲别当场一口承认，并且表示："倘若饶我，赐我一命，我为你杀敌人，报世仇，赴汤蹈火，在所不辞！"

铁木真说："哲别这么坦诚，我们可以交朋友。"铁木真还说，要哲别"就像我跟前的其他'哲别'一样来保护我"。从此，哲别成为铁木真麾下著名的一员大将。

铁木真对他不计前嫌，真诚相待，哲别非常感激，对铁木真一直忠心耿耿。哲别后来成了元朝的名将。

就这样，铁木真虽然在军事上遭到一时的挫折，但经过一番争取敌人的努力，使他的威望得到进一步提高，势力更加壮大。

援助脱里汗赢得人心

在十三翼之战过程当中,铁木真独自与札木合的联军苦战,他的义父脱里汗原本不想坐视不救,但是,当时的脱里汗正在逃亡途中,他自己也正在饱受颠沛流离之苦。

原来在早先,脱里汗在父亲忽儿札胡思死后继承了汗位,为了独揽大权,他竟然不顾同胞之情杀死了自己的4个弟弟中的两个,即台帖木儿、不花帖木儿。他另外两个弟弟是额儿客合剌、札合敢不,好在他俩免于被害。

脱里汗的叔叔古儿汗闻听后起兵打他,将他击败。脱里汗被迫驱兵住在山谷。后来他借助铁木真父亲也速该的力量,才得恢复汗位。这一次,脱里汗的逃亡,则是他和那一个幸免于难的弟弟额儿客合剌冲突的结果。

脱里汗恢复汗位企图杀害额儿客合剌。额儿客合剌逃出后,投靠了西面乃蛮部的亦难察汗。亦难察汗很可怜他,也想乘机打击克烈部的势力,便出手相助,最后击败了脱里汗。

脱里汗败得连弃三城,向西奔逃,其弟札合敢不投往铁木真。脱里汗一直往西逃到契丹的古儿汗那里。然而,当时的西辽也处在内乱之中，脱里汗原本就与古儿汗不和，因此难以在西辽栖身。

在西辽不到一年，脱里汗只好又踏上归途。他经过长途跋涉，随身所带食物已经用完。当时只有5只母山羊和两三只骆驼，脱里汗就挤着山羊的奶水，刺着骆驼的血为饮食。当时他骑着一匹瞎眼黑的鬃黄尾马，实在是穷困潦倒。一路艰辛磨难，他来到漠北古泄兀儿海子。这里曾经是他和铁木真的父亲也速该一起住过的地方。

铁木真得知了脱里汗的悲惨境遇，就特地派塔孩把阿秃儿、速客该赤温两人前去迎接他。铁木真还亲自到克鲁伦河的上源去见父亲的好友脱里汗，把他安顿在自己的牧地上。

紧接着，铁木真又从自己的属民那里动员来应用的东西，供给饥饿贫弱的脱里汗和落魄的随从使用。此时，脱里汗的弟弟札合敢不正在金朝的边境上，铁木真请他回到蒙古去。不料在札合敢不返回的途中遭篾儿乞人的袭击。铁木真闻之立即派撤察别乞和泰出两人前往救援，札合敢不终于得以平安归来。

就这样，脱里汗在铁木真的帮助下，终于又回到土兀剌河的黑松林故地。在这里，脱里汗大摆宴席，重叙和也速该结为安答的情谊，并再次郑重地确认了他和铁木真的父子关系。

随后，铁木真在一次征战胜利后，把在这次战争中掠获的财产全部送给了脱里汗义父。在铁木真的援助下，脱里汗的势力渐渐恢复了。

然而，这个脱里汗竟然背着铁木真，独自去征讨篾儿乞的脱脱，掠夺大量财务而还。脱脱等人逃入巴儿忽真狭境内，今天的贝加尔湖以东地区。同样是对待得来的财物，脱里汗却一点也没给铁木真。

更为严重的是，生性多疑、嫉妒心很强的脱里汗在重掌克烈部大权之后，甚至要对几次援助了他的铁木真下毒手。有一次，他和铁木真在一起开会，居然阴险地在毡帐周围埋伏杀手，企图在开会期间的宴会上把铁木真杀掉。

在宴饮的时候，巴阿邻部的阿速觉得气氛很不对劲，就起了疑心。为防不测，阿速将刀子插入靴筒里做好准备，并特意坐在脱里汗和铁木真中间，一边喝酒谈笑，一边机警地左顾右盼。脱里汗知道阴谋败露，不敢贸然下手。

多行不义的脱里汗，他的恶劣行径激起了亲属和部下的愤慨，他们聚在一起议论说："脱里汗就像吹灰似的杀戮亲族，真是个心怀恶意不成器的人！他不但杀了自己的胞弟，还杀了自己的结拜兄弟，逃到契丹去乞求保护，完全是个不爱自己的国家的人。当初他7岁的时候，曾被蔑儿乞人掠去，给篾儿乞人捣米过活，是父亲忽儿札胡思把他救了出来，他在13岁的时候，又和母亲一起被塔塔尔的阿泽汗掠去，给人家放骆驼。他想尽了办法，最后才从那里逃出。后来，他惧怕乃蛮亦难察汗的攻打，又往更远的地方逃跑，到了穷途末路时，才来到铁木真这里。铁木真全心全意供养他，现在他却忘了恩情，还在起这样的恶念，真是可恶得很！"

脱里汗察知亲属和部下的议论，就下令把议论他的人们抓了起来。只有札合敢不侥幸得以脱身，逃到乃蛮部去了。

那些被捕的人被脱里汗关押在一个屋子里。脱里汗斥骂他们说："你们说我在畏兀和西夏那些地方怎样来着？你们竟敢胡说！"说完，他就将唾液使劲儿地唾在这些人的脸上。其他人在他的怂恿下，也都起来口唾他们的脸面。

脱里汗的这些所作所为，铁木真都看在眼里。然而，铁木真隐忍不发，他知道，克烈部毕竟是强大的，脱里汗正是强大部落的统治者。如果现在表示出不满，对自己显然十分不利。为了事业，现在必须与之结盟，借助这位汗父的力量去削弱更加危险的敌手。

有一天，撒察别乞部落的军队偷偷袭击了铁木真的后方营地，杀死了10多名铁木真留守在这里的老弱残兵,又抢走了50多人的衣服和马匹,然后,带领军队扬长而去。

铁木真接到报告后满腔愤怒,他说:"以前,撒察别乞在斡难河岸边参加宴会的时候,他的母亲就曾经打了我的厨子,又把别勒古台砍伤了,我认为撒察别乞和我是同一家族,就格外地谅解了他,没有追究,与他和好如初,我还邀请他率领军队联合攻打塔塔尔部落那些仇人。他不接受我的邀请,不来也没有什么关系,现在反而把我部落的老少牧民,杀的杀抢的抢,真是欺人太甚,岂有此理!"

铁木真迅速带兵出发,穿越过大沙漠,来到克鲁伦河的上游,一声呐喊,攻入撒察别乞的营帐中。撒察别乞早已闻听铁木真来攻,这时已携带着家属逃走了。铁木真以牙还牙,抢劫了他的部落,然后带队回营。

几个月过后,铁木真余怒未消,再次率领军队攻打撒察别乞,把他追击到迭列秃口,最后活捉。铁木真亲自列举罪状,告知周围的人,然后,将撒察别乞和他的弟弟泰出勒推出去斩首,释放了他的其他家属。

博尔忽是撒察别乞的儿子,年纪小,长相英俊,铁木真把他收为养子。后来,博尔忽以英勇善战而闻名于世,也是后来元朝的四大杰出将领之一。

在这次出征返回营地的途中,有一个名字叫古温豁阿的札剌赤儿种部落的人,带领着几个儿子前来投奔铁木真。古温豁阿有一个儿子名字叫木华黎,智勇超人,后来得到铁木真的宠爱和信任。木华黎与博尔术和赤老温等人一样,受到特别优待。

成吉思汗建国元年,木华黎与博尔术被成吉思汗首命为左、右万户。在蒙金战争初期,在野狐岭、会河堡诸战中,木华黎率敢死士冲锋陷阵,以寡敌众,有力地配合了主力,歼灭了金军精锐,攻克了宣德、德兴等地。

成吉思汗八年，木华黎随成吉思汗率军入山东，攻克了许多城市，还在战场上收降了史天倪、萧勃迭，并奏为万户。第二年，木华黎班师北上，与成吉思汗大军会合围中都，迫使金帝请和。此役后，木华黎受命进军辽河流域，招降高州守将。

成吉思汗十年，木华黎打败了金军，进占北京。第二年春，手下张致反叛并占据兴中。木华黎以调虎离山计设伏夹击，斩杀叛军万余人。进而乘胜进军，俘杀张致，连着攻占锦州、复州等数十座城寨，使蒙古军控制了辽东、辽西地区。

木华黎于成吉思汗十二年八月，被成吉思汗封为太师、国王，从此全权指挥攻金战争，又为成吉思汗立下了赫赫战功。

集中兵力首战塔塔尔

雄才大略的铁木真善于把握时机，利用敌营的内部矛盾，毫不犹豫地将敌人置于死地。铁木真的这一特点，在他进攻塔塔尔这件事上表现得淋漓尽致。

1194年，由于金国与合答斤部、撒勒赤兀惕部发生了矛盾冲突，金国第二年起兵进攻他们。在呼伦湖畔，金国打败了合答斤、撒勒赤兀惕的14个古列延人马。

因为塔塔尔部在此战中协助金国，掳掠了大量牛马、财物，金国在这次进攻中掳掠财物较少，因此，金国与塔塔尔部发生了摩擦，认为塔塔尔部已经反叛。

1196年，金国派完颜襄丞相统领军队，前往镇压。

在两军交锋中，开始的时候金国军队被围而处劣势，但到了后来，战况发生变化，金国最后取得了胜利。塔塔尔部首领篾古真向浯勒札河败逃。

铁木真听到这个千载难逢的消息，认为这是替父祖复仇的良机。

铁木真记得在童年时，母亲月仑讲述的塔塔尔人联合金人钉死铁木真的曾祖咸补海汗；铁木真自己也耳闻目睹了塔塔尔人毒死父亲也速该的事情，这个仇岂能不报？

游牧在东北边界的塔塔尔人和金国的君主曾联合起来，灭了蒙古的第一个王国。金国君主利用塔塔尔人的力量打击了铁木真的祖先。但是，被金国的君主利用的塔塔尔人迅速地强大起来，作为保护人的金国的君主难以忍受对手的实力强大。

于是，金国在处理同游牧界的关系中，转而联合铁木真和克烈亦惕部，共同打击塔塔尔人。显然，敌人已经反目为仇，他们之间的联盟已经破裂了。

"敌人的敌人就是自己的朋友"，这是一个基本原则，敌人的联盟既然已经破裂，那就不妨暂时与金朝联合，这倒是蒙古人报仇的一个好机会。铁木真哪里会放过这样的机会！

铁木真痛快地接受了金朝的邀请，采取联合金朝夹攻塔塔尔的策略，先集中力量打败塔塔尔这一敌人。

与此同时，铁木真又派人和克烈部联系，希望脱里汗再次能与蒙古一起作战。铁木真派往克烈部的使者向脱里汗口述了蒙古人的"国书"：

塔塔尔与我们有世代冤仇，世人皆知，早已人神共愤。我祖辈俺巴孩汗、斡勤巴儿合黑曾被他们出卖过；我先父、您的安答又被他们毒死了，我们与塔塔尔人不共戴天。

如今，塔塔尔已经被金人打败，正在沿浯勒札河向西溃逃，这是天赐良机，不可错过。愿父汗您亲率大军帮我夹击敌人，向塔塔尔部讨还这一笔笔血债！

另外，铁木真又征召了主儿勤等族人，希望主儿勤为自己的祖先斡勤巴儿合黑报仇雪恨，在这场血族复仇战争中并肩战斗。

克烈部的脱里汗迅速组成一支大军向铁木真他们增援而来,很快与铁木真在斡难河畔会师了。这时的主儿勤氏却因为和铁木真的兄弟们发生了冲突,所以不打算和铁木真并肩作战了。

铁木真这边足足等了6天,还是不见主儿勤的踪影。时间紧迫,实在不能再耽搁了,铁木真只好与脱里汗沿斡难河东进。

不久,大队人马即到达浯勒札河上游。

与金国战败的塔塔尔人为了保存实力,退到寨中,准备坚守。在铁木真与脱里汗的大军开到的时候,塔塔尔人尚未站稳脚跟。蒙古与克烈部抓住战机,分成几路向塔塔尔人轮番冲锋。

很快,塔塔尔人的两个寨子被攻破,他们的一个首领变成了刀下鬼。其他部众或被杀,或做了俘虏,有不少人四散奔逃。

塔塔尔部的财物被一抢而光。这个部落曾经既强大又富裕,铁木真率众从中获得了前所未有的珍宝。

其中,有两件极其贵重的物品,就是银绷车和大珠衾。

在艰难困苦中长大的铁木真从来没有见过这样的宝物,心中不胜惊喜。

蒙古军在打扫战场时又捡到一个小男孩,叫曲书。一只金圈环套在小孩的脖子上,还穿一件貂皮做里的金缎兜肚。小孩惊恐中露出天真的神情,样子非常招人喜爱。

按照蒙古人的习惯,凡是捡到这种幼儿,都要视为自己的家人,都要亲身抚养,并受到氏族的保护,和亲生子女一样来对待。

铁木真以前曾经把阔阔出和曲出当作礼物送给自己的母亲月仑。今天捡到的这个男孩当然也不例外,铁木真又把他带到母亲的身边。

看到这个孩子,月仑夫人高兴地说:"这是一个好人的孩子,必定是有一定背景的,就让这个孩子做我的第六个儿子吧。"月仑夫人给这个孩子起了名字，叫失吉忽秃忽。

后来，失吉忽秃忽成为铁木真建国后的著名执法者。

铁木真联合金朝和克烈部，取得了首战塔塔尔的胜利。这次胜利，不仅打击了东北草原东部的劲敌，迫使塔塔尔部从此彻底败北，而且他还在蒙古各部中赢得了"为父祖复仇"的好名声。

蒙古族各部人对铁木真更加敬重了，铁木真的战略眼光和军事才能，越来越多地受到人们的信服。与此同时，铁木真还得到一个意外的收获：金朝封铁木真为"札兀惕忽里"，并由此勾销了金国与蒙古族几代的恩怨。金朝还封脱里汗为王。

脱里汗原本就是草原上有名的可汗，如今得了王位，所以被人们称为王可汗，也叫作"王罕"。

当时铁木真的力量不如王罕强大，因此得到的官职不及王罕，但这件事对于他们有重要作用。他借此提高了自己的政治权力，可以用朝廷命官的身份发号施令了。

当然，铁木真向金朝俯首听命，只不过是暂时的隐忍，他不会忘记，金朝也是杀害乞颜贵族的仇敌，当时他可能已经设想到了，在将来有了足够的力量的时候，金朝便是他第一个要消灭的目标。

大破叛友札木合

讨伐塔塔尔的战争，又给铁木真提供了一个与主儿勤氏和好的机会。塔塔尔人是他们的共同敌人，讨伐塔塔尔也是为主儿勤报了父祖之仇。

忘掉眼前的冲突，共同参加血族复仇战争，既符合古老的传统，也有利于将来的利益。但主儿勤人却拒绝合作，这使铁木真大失所望。

在取得了讨伐塔塔尔部的战争胜利以后，成吉思汗率部返回位于克鲁伦河上游的老营。刚一回营，他就得到一个使他大吃一惊和非常愤怒的消息。

原来，在他出征塔塔尔部期间，主儿勤部利用他远离老营之机，突然向铁木真的老营发起袭击，掳掠杀戮，猖獗一时。老营被主儿勤部洗劫一空。

耳听如此消息，眼见如此情景，铁木真不禁怒火中烧。鉴于主儿勤人的不义行为已经到了这种无以复加的程度，铁木真即整队出发，讨伐主儿勤部。

两军相遇于阔朵额阿剌勒附近的朵罗安亭勒答黑。战斗结束，主儿勤人大部被俘，但其首领撒察别乞和泰出却带亲信家眷狼狈逃入帖列秃山口。铁木真余怒未消，又挥军追入帖列秃山口，抓住了他两人。主儿勤部的两位亲王被成吉思汗处决了。

此举使其他各部人们的思想受到了很大震动。但是，此时的札木合内心还是敌视铁木真。札木合在王罕耳边一直说铁木真的坏话，从而激起了这位心无主见的王罕对铁木真不信任的情绪。

铁木真丝毫没有预料到会出现这种情况，他仍被蒙在鼓里，照常一心一意帮助王罕。当铁木真了解真相后，他又显出少有的宽宏大度。后来王罕兵败势微，铁木真被王罕欺骗理当不救，但是如果他坐视王罕受挫，必将唇亡齿寒，敌人的下一个目标就是自己。所以他表现出宽宏大量的姿态，马上应允了王罕的请求。

这更加提高了铁木真的声誉和威望。为此，札木合妒火中烧，咬牙切齿。札木合认为，只有他才应该做全蒙古的大汗而不是铁木真。

1201年，蒙古草原12个部落在额尔古纳河、根河、尔古纳河入口外的忽兰也儿吉，进行了一次重要的盟会。

其中有合答斤、山只昆、朵儿边、塔塔尔、亦乞列思、豁罗刺思、乃蛮、篾儿乞、斡亦剌、泰赤乌、翁吉剌惕11个部首领，共同推举札答兰部的札木合为古儿汗。

这是一个以札木合为首的政治、军事联盟，一个反对铁木真、王罕的统一战线。札木合被推举为"古儿汗"，意为"众汗之汗"。"普众之汗"，也有人称其为皇帝，但札木合既没有皇帝的权力，也缺乏当皇帝的能力。

这个联盟也是既无共同的政治、经济基础，又无统一的军事力量，只是为了对付铁木真、王罕的进攻临时凑集在一起。实际上却是一群各怀异志的乌合之众，各部的贵族都有自己的小算盘，各部的属民百姓也并不真心拥护，郑重其事地对天盟誓并没有加强联盟的力量，它对下边的成员也没有多大的约束力。

那时的哈答斤部落、散只兀部落、朵鲁班部落和翁吉剌惕部落，得知铁木真势力强盛，全都心怀恐惧，全部聚集在阿雷泉，杀了一头牛、一只羊、一匹马，祭告天地，把血滴入酒里喝下去，发下誓言，结成了攻守同盟的秘密约定。

札木合趁这个难得的机会联系他们，就由各个部落共同商讨，推举札木合为古儿汗。还有泰赤乌篾儿乞部落里的两个首领，以及乃蛮部落里的不亦鲁黑汗，也产生了报怨情绪，来和札木合会合，就是塔塔尔部落里的其余家族，另外推选部落首领，趁着那个各部落联盟大会，迅速赶到那里。

许多部落一齐在秃拉河会合，由札木合作为联盟的首领，与各部落首领，共同对天发誓说："我们要齐心协力，共同打击铁木真，如果内部私自泄露机密，以暗中背叛同盟，都会像泥土崩塌，树林折断一样，没有好的结果！"

发完誓言，首领们一齐徒步走向岸边，举刀砍断林木，作为警示的标志。他们真是庸人自扰，无事生非，自讨苦吃。就各部落选派军队，在夜里静悄悄地向前进军，去袭击铁木真军营。

但他们并未能保守住秘密。他们分头准备时，豁罗剌思部的一个名叫豁里歹的人和铁木真出自同一家族，他立即去向铁木真告密。当时铁木真驻扎在克鲁伦河上游不儿罕合勒敦山山麓的古连勒古。

铁木真立即向王罕求救。王罕一听有变，即起兵前来同铁木真会合，然后两军顺克鲁伦河而下。铁木真派阿勒坛、忽察儿以及叔叔答里台3人为先导，在前面侦察开路。

王罕也派其子桑昆、其弟札合敢不以及将领必勒格别乞3人为前导。铁木真和王罕的人马顺利地来到赤忽儿忽山、扯克彻儿山和阔亦田之地。

这时，札木合的军队溯额尔古纳河而上，也抵达了这个地区，他们簇拥着与铁木真对立的札木合，气势汹汹而来。他们来到阔连湖平原地区与铁木真和王罕的军队相对时，已是日落西山、天色将暮之时。

尽管双方前锋部队都叫嚷着要立即厮杀，但最后还是约定各自退下，待明日开战。

第二日，东方还没有露出曙光，铁木真、王罕联军就抢先占领了阿阑塞阵地，与札木合联军在阔亦田交战，这一地区也是今天中蒙边界的奎腾岭一带。

在战斗中，临时的联盟缺乏统一的指挥，刚刚遇到一点儿阻力，札木合的四路先锋就失去了冲锋陷阵的能力。

乃蛮部的不亦鲁黑汗突不破阿勒坛的防线，首先掉转马头率部离去，既不报告他的古儿汗，也不顾并肩战斗的三路战友，马不停蹄地向西方的老家逃窜。

失去勇气的军队必然逃脱不了失败的命运，一路先锋的溃败迅速引起了连锁反应，其他三路先锋也不再冲锋陷阵了。

四路先锋不是带头冲锋，而是四散逃命，12部联盟就这样不堪一击土崩瓦解了。

联军的首领札木合也并不比他的先锋们高明，他早已失去了"万民之汗"的气魄，露出了一副鼠窃狗偷的嘴脸。

面对着先锋军的溃散，他不是想办法稳住军心、压住阵脚，反而趁火打劫大捞一把，乘机大肆抢掠那些推举他为汗的百姓，洗劫了他们的帐篷，然后也顺着额尔古纳河向东北方向逃窜。

王罕沿着额尔古纳河去追赶札木合。铁木真则带领自己的人马穷追泰赤乌人部的阿兀出把阿秃儿，一直追到斡难河边。在这里，阿兀出把阿秃儿收拾残兵，重新组织力量做困兽之斗。

一场大战激烈异常，一直持续到夜幕降临。在战斗中，铁木真的脖颈被敌军射来的箭射中，血流不止，铁木真不久昏迷过去。

很早就归附于他的者勒篾忠实地守护在他身旁，用口吮吸他伤口的瘀血。

一直持续到半夜，铁木真才苏醒了过来，喃喃地说："我的血似乎要干涸了，我很渴。"

者勒篾便把靴、帽和衣服都脱下，只穿着短裤潜入敌营去寻找马奶，因为战乱之中谁也顾不上挤马奶，所以怎么也找不到。

他仔细搜寻，却意外地在一辆车上发现一桶酸奶，就偷偷地带了回来。敌人都已睡熟，对者勒篾的行动浑然不知。

者勒篾拿回酸奶，又找来水，将酸奶调好给铁木真喝。铁木真连饮了三口酸奶，说："我的心里亮了。"他就坐了起来。

铁木真又问："你赤身跑去，如果被敌人捉住，岂不是要说出我躺在这里吗？"

者勒篾说："这我想过。我故意赤身出去，如果被捉，就说我本打算投降，被发觉后剥去了衣服，我挣脱绑索逃出，敌人必然相信。我可以找机会寻得一匹马逃回来。我是这样考虑的，所以在你安睡的时候跑出去了。"

铁木真说："我还能说什么呢？以前我被三姓篾儿乞人追杀，他们围绕不尔罕山搜查了3遍，那时你曾救过我一次性命。刚才你又用口吮吸我的瘀血，救了我的性命。现在我口渴，你舍命到敌营去寻来酸奶，再次救了我的性命。你这3次大恩，我永生不忘！"

铁木真想趁此机会彻底消灭泰赤乌部落。经过夜间激战，天大亮以后，铁木真发现泰赤乌人已经丧失了决战的勇气，趁着夜色逃跑了，属民被抛弃在营地里，这些属民都被铁木真收服。

铁木真又追着逃跑的泰赤乌人,将他们及其子孙"像吹灰似的"杀死了。

这时,铁木真忽然想起了索尔汗石刺对他的友情,就率领部队四处去寻找索尔汗石刺。终于在崇山峻岭之间找到了索尔汗石刺的女儿合答安。原来合答安被军队驱逐,恰好铁木真正在找她。

铁木真发现,合答安比过去显得更加成熟了。两人意外相逢,甚是欢喜。回到大营,两人结为夫妇。过去曾经共同经历患难,今天又得以共同享受安乐和幸福,铁木真真是一位有情有义的男子汉。

第二天,合答安的父亲索尔汗石刺,也进入军帐来拜见铁木真。铁木真欢迎他说:"你们父子几人过去对我恩重如山,我从那时起一直牢记着你们,你为什么这时才来投奔我呢,真是想死我了?"

索尔汗石刺说:"其实我的心思早就倾向着你了,所以就叫第二个儿子最先来投靠你。我如果过早地到来,担心那里的部落首领不同意,杀了我的全家,所以就一次又一次推迟了我的行程。"

铁木真道:"你过去对我的大恩大德,我今天应该报答你!我铁木真不是忘恩负义的人,你老人家完全可以放心!"

铁木真把索尔汗石刺的儿子收为部下,把索尔汗石刺的女儿收为自己的妻子,也算是铁木真对索尔汗石刺的报答。索尔汗石刺对此非常感谢,铁木真做完自己该做的事,就命令全军出发,回到了原来的营地。

经此一战,长期与铁木真为敌的泰赤乌部终于覆灭。

阔亦田之战,是铁木真与札木合集团的最后一次决战,也是争夺蒙古部领导权的最后一战。至此,铁木真成为蒙古部的唯一首领。

征讨宿敌塔塔尔

经过长期的东征西讨,铁木真的力量日益强大起来,他可以依靠自己的军队对外进行大规模的战争了。1202年,铁木真出兵征讨宿敌塔塔尔。

像成吉思汗家族一样,塔塔尔人也属于蒙古部族,他们同成吉思汗家族是敌对的家族。

塔塔尔部落联盟下属许多部落,游牧于下克鲁伦河流域一带,其活动区域西起阔连湖和捕鱼儿湖,东至蒙古与东北的界山大兴安岭。

铁木真曾打败过塔塔尔人。后来,在同反对他的各种联盟的作战中,铁木真又数次同塔塔尔人交锋,在击溃这些联盟的同时也使塔塔尔人遭到了惨重的失败。

铁木真打算最后解决这批宿敌。完成这一任务,他现在已经不需要盟友帮助了,因为此时他自己已兵多将广,人强马壮,仅凭自己的力量已足以对付塔塔尔人了。这将是他与塔塔尔人进行的一场毫不留情的生死决斗。

这时候的塔塔尔分为四部,被人们简称为"四部塔塔尔",总计约有7万户人家。

5年前，铁木真与王罕联军趁塔塔尔部和大金国关系破裂，乘机出兵消灭了篾古真。时隔不久，塔塔尔部又恢复起来。但是它与四邻蒙古、大金国和王罕克烈部都结了仇，而且内部已分裂，这正是铁木真消灭塔塔尔的有利条件。

1202年8月，铁木真领兵两万，分三路来到塔塔尔地区答阑捏木儿格思地方。

为了保证战争的胜利，也为了一改从前作战时贵族们贪抢财物，不听指挥的弊病，在出征之前，铁木真命令说："打仗的时候，不许抢掠财物，把敌人打败了，他们的东西都归我们所有，那时大家再分用。作战需后退时，应退向原阵地，退回原阵地后不再肯返身力战者，全部斩首！"于是军纪严整，战斗力大增。

在答阑捏木儿格思，今天的贝尔湖南讷墨尔根河地方，铁木真挥军向塔塔尔进攻，一举将敌人击溃。

铁木真大军以围猎方式对塔塔尔人进行包围、冲击、分割。军士自外向内飞鸣镝、放利箭，射杀极准。

塔塔尔人拼命反抗，战斗异常激烈，但最终顶不住铁木真军队的猛攻，一部分塔塔尔军突围，投奔札木合去了。

但是铁木真军中有人严重违犯了他的军令。他在战前已经规定，战斗结束以后再共分财物。可是，他的叔叔、好惹是生非的答里台、他的堂兄弟忽察儿，此外还有阿勒坛亲王，不听号令，不等战事结束，也不等到共分财物之时，就在战场上私掠财物。

显然他们是自恃其出身高贵，自以为可以不受铁木真的命令的约束。他们不把铁木真的命令放在眼里，岂不预示着他们可以随时背叛铁木真么？铁木真想到此，便坚决地派哲别和忽必来两人去没收了3位亲王私掠的马匹财物。

无论是阿勒坛、忽察儿，还是答里台，都不能咽下这口气，他们觉得自己的自尊心受到了伤害。于是这3个人暗中组成了反铁木真派，不久即反叛而去，投靠了克烈部，加入了同铁木真作对的行列。

然而，铁木真这次巩固汗权，制裁旧贵族的果断措施，为提高军队的战斗力，在统一草原的角逐中最终取得胜利，发挥了极其重要的作用。

此时，铁木真面临的问题是如何处理如此众多的塔塔尔俘虏。在这个问题上，铁木真的态度是异常坚决的。为了作出决议，他把族人们都召集到他的营帐内，开了一个秘密会议。

大家的看法和会议的结论很明确："塔塔尔人乃毁我父祖之人也，今当为父祖报仇雪恨，杀之以祭我父祖。"决定要把像车轴高的塔塔尔男人都杀死！

散会以后，铁木真的同父异母弟别勒古台不慎把这消息告诉给了一个塔塔尔俘虏也客扯连。得到这个消息后，塔塔尔人便立寨自卫。

铁木真的军队费了很大的气力才取得胜利，而且在进攻时损失了不少兵力。破寨以后，铁木真即命令部队将塔塔尔人杀戮。

但是这种杀戮也不是单方面的，因为塔塔尔人已事先得知必死的消息，于是各人在自己的衣袖内暗藏了刀。临死前，塔塔尔部落的人除了妇女以外，各人都手执一把尖刀，向铁木真率领的军队乱杀乱砍，彼此都伤亡惨重，几乎各占一半。真是所谓困兽犹斗，一夫拼命，万夫难敌。这样，直到塔塔尔部落的男子，几乎全部伤亡。

铁木真对别勒古台的泄密行为甚为愤怒。从此，铁木真禁止别勒古台参与"大议"，同时也禁止他的叔叔答里台参与大议，因为答里台的态度越来越引起了他的怀疑。

铁木真双娶姐妹花

铁木真终于消灭了塔塔尔，完成了替祖宗报仇雪恨的使命。可是，铁木真一计算人马的损失，就觉得这一场胜利并没有带来什么好处。人马损失的惨重是因为泄露秘密，而这正是别勒古台的责任。于是，他派人把别勒古台叫来。

铁木真大声怒斥别勒古台："你随便泄露军事机密，害得我们损失了那么多的人马，你真是罪不容恕！你去，把也客扯连那家伙给我找来，我要跟他算账！"

吓得直哆嗦的别勒古台出去找了好半天也没找到，他战战兢兢地回来报告："我……我到处都找过了，实在找不到他。恐怕也客扯连已经死在乱军中，只找到了他的女儿。"

"就因为你随便说话，结果闯出这一场大祸来！从今以后，我再不许你参加黄金会议了！"铁木真不等别勒古台说完，就这样叫骂。接着他又问："你把也客扯连的女儿找来，她现在在哪儿呢？"

"就在帐外，我去押她进来。"别勒古台赶紧说。他走到帐外去，带着一个女子来见成吉思汗。

这个女子衣服凌乱不堪，满头的乱发蓬松着。她一走进帐里，就低着头在铁木真面前跪了下去。

铁木真看到仇人的女儿,眼睛里火星直冒,大喝道:"你的父亲害死了我们这么多人的性命,就是把他剁成肉酱,也不能抵偿那么多条人命!你既然是他的女儿,那就应该代替你父亲来偿命!我要把你千刀万剐,剁成肉酱!"

"饶命啊!"那女子一听,立刻抖成一团,勉强叫了一声,就倒在地上不停地发抖。

哪知道,她这一声"饶命",铁木真一听就像音乐一样好听。他满肚子的怒火一下子烟消云散了,反倒觉得这女子可怜、可爱了。于是改变了口气,和颜悦色地说:"你是要我免你一死吗?那你就抬起头来我看看。"

那小女子听了,仍然颤抖着身子,慢慢抬起头来。

只见她深锁双眉,眼含着泪水,简直就像一株飘摇在风雨中的杨柳一般,实在是美!铁木真一见之下又怜又爱,觉得自己的那两个妻子孛儿帖和合答安谁也比不上眼前这个女子。想到这里,铁木真坐直了身子说:"要我不杀你,那你就得做我的妻子!"

小女子一听,漂亮的脸上马上绽出笑容:"大汗要是能赦免我的死罪,那我就嫁给您吧。"看来,人在屋檐下,不能不低头,这不说这个女人是厚颜无耻,实在是出于无奈。

铁木真一听,高兴地说:"那好,那你就到帐后面梳洗去吧。"

说到这里,早有军营后勤处的老保姆出来,搀扶着铁木真刚相中的女人,慢慢走了进去。铁木真此时才命令别勒古台退出去,又把军营中急于办理的各项事务向各位将领作了安排,然后,他到军营帐篷内休息。

别勒古台因为给铁木真带来一个可爱的女子,泄露秘密的责任也就到此打住了。

铁木真虽在帐里处理事务，心里却忘不了那个刚来的女子。于是，他就放下手里的工作，走进后帐。

那个女子经过一番梳洗打扮后，真像一个仙女下凡一样。铁木真兴奋地追了过去，抓起那女子的手来，觉得细嫩柔滑。再看她满头乌黑的头发、袅娜的身材，以及那漂亮的脸蛋儿，真是处处让人疼爱！

"你叫啥名字呀？"铁木真笑眯眯地问道。

"我叫也速干。"那女子微启双唇，含笑作答。

"好一个也速干啊！你真是塔塔尔美人啊！"铁木真大加赞叹。

也速干一听，满面娇羞。她把头一低，手里摆弄着腰带，一时竟羞再开口。

铁木真牵着她的手并排坐下来。铁木真说："你的父亲实在罪大恶极，我要是杀他，你就会恨我，是吗？"

"我哪里敢怨恨可汗呢！不过，可汗您是宽宏大量的人，就请您饶恕我们这一家人吧！"也速干替全家人求情。

"你实在是漂亮得很，要是你做我的婢妾，好像不大好，我看，你就做我的夫人吧。"于是，铁木真封了也速干做夫人。

"多谢可汗！多谢可汗！"也速干马上跪下去，连声道谢。

当天夜里，月满中天，铁木真和也速干做成了夫妇。

第二天早晨也速干醒来后她悄悄地起来梳洗打扮。直到她都化妆好了，铁木真这才醒过来。

铁木真睁开眼睛，痴痴地望着也速干，一动也不动。也速干笑着问："昨晚看了一夜，难道还没有看清楚吗？一醒来你又这样看着我干什么？"

"你这漂亮的脸蛋儿，让我实在看不腻呀！"铁木真望着也速干，实话实说。

"您堂堂一个可汗,眼可不能这样小!看到我就会这样中意,你要是看到了我的妹妹,恐怕……恐怕你要发疯哩!"也速干说完,自己先笑了起来。

"你的妹妹?"铁木真一愣,"她在哪里?她叫什么名字?"铁木真急忙追问。

"她叫也速,结婚时间不长,可现在在哪儿,我也不知道。"也速干老实相告。

"既然也是一个出名的美人,而且也有名有姓,难道还怕找不到她!"铁木真立刻到帐外,派人去寻找那个塔塔尔美人也速。

到了中午,几个士兵带着一个年轻貌美的女子走进大帐来。"可汗,这女子究竟是不是也速,就请可汗亲自询问吧!"

"好了,你们先下去吧,让我来问问她。"铁木真把士兵打发出去。

铁木真看到这个女子,虽然满面愁容,眼含泪水,可是更加美丽,从头到脚,居然找不出丝毫缺点来。而且,看她那神态,也和也速干很像。看来士兵没有找错人,这就是也速了!

铁木真走上前问她:"你的名字叫也速吗?"

美丽的女人回答说:"是。"

铁木真两手搓在一起,他说:"真是奇妙极了!也速,你的姐姐也速干已经在我的营帐里了,你可以进去,和她相会吧。"

也速进帐会见也速干时,也速干就请她也嫁给铁木真。

也速却说:"我丈夫已经被敌军赶走了,我很想他。姐姐,你为什么让我嫁给铁木真这个仇人?"

也速干说:"我们塔塔尔人,过去毒死了铁木真的父亲,结下了仇恨,所以我们今天才遭到铁木真的报复。铁木真现在身份这样显赫,生活特别富贵,他的威名已经远扬,我们姐妹俩嫁给了他,有什么不好呢？我看这要远远胜过嫁给那些亡国奴！"也速一听沉默了，不觉心动。

接着，也速干又劝导了妹妹一些话说，鼓动妹妹和她一起嫁给铁木真。也许，在也速的心里，她早已暗自愿意，她不过是想做大老婆罢了。

也速干又说："我听说他已有两个妻子了。别人的心里怎么想我不知道，我的贵夫人的位置情愿让给妹妹呀！"

也速想了一会儿，说："那些事，就以后再说罢！"

她们姐妹俩的话音没落，就听一个人接着说道："你们还商量什么呢？你真是一位好心的姐姐，自己贵夫人的位置都愿意让给妹妹，当妹妹的，可是应该领情重谢呢！"随着说话声，帐篷的门帘已被揭开，铁木真迈着高贵的步伐，春风得意地走了进来。

也速一见铁木真，马上惊慌失措，赶紧躲到姐姐的背后。没想到，姐姐反而把她推给了铁木真，正好与铁木真撞了个满怀。铁木真顺手抱住她，也速干也乘机躲了出去。

一个柔弱胆小的弱女人，怎么可能抗拒得住一个威猛的大男人？一般来说，在这种情况下只有两种应对办法，要么为了保全名节寻死觅活，要么珍惜美好的姻缘情愿凑合……

第二天，铁木真进入军帐处理军机大事，他叫也速陪伴在右边，也速干陪伴在左边。深明大义的也速干，自愿以大做小，维持家庭的和谐与平安。部落里的各位将领闻听后，纷纷前来庆贺。铁木真感到非常开心。

铁木真率领大军凯旋回来，还带来了塔塔尔族全部财物和妇女，另外还有极少数俘虏。这场战争，铁木真的确得到了不少好处。可是，要想从此就和强大的金国联合，这对于铁木真来说是好还是坏，现在还不得而知。

铁木真回到牧地后发现，他的3个长辈答里台、阿勒坛、忽察儿在半路都溜走了。他派人出去一调查才知道，这3人都投奔札木合那边去了。

阔亦田一战后，札木合已经众叛亲离，古儿汗的名号早已名存实亡，他投降王罕，其实根本没有什么实力。所以，铁木真对于这3个叛徒逃到札木合那边去这件事，根本就没放在心上。但是，札木合投效王罕这件事，倒使他放心不下。他怕札木合在王罕那边挑拨是非，叫王罕找他的麻烦。于是，铁木真就借着替他大儿子术赤向王罕的女儿求婚为由，派人给王罕送礼去。

送礼的人一走，铁木真了却了一件心事，心神似乎安定了许多，于是他来到也速的帐篷里喝酒。正好也速干也在这儿，三个人就在帐幕门并排就坐，喝起酒来。

随着时间的推移，时过境迁，姐妹俩旧情淡忘，也就乐得安享荣华富贵了。这实在说不清是她们的无奈，还是她们的幸运。

与王罕彻底决裂

统一蒙古草原，需要凭借强大的实力。经过激烈的群雄逐鹿之后，靠自己的实力足以问鼎草原的强大部落，首推克烈部，其次是乃蛮部，最后是铁木真的蒙古部。

实力自然是重要的一方面，在拥有实力的同时，更需要首领具有领导才能和制定正确战略的能力。在这方面，铁木真比克烈和乃蛮部首领都要胜出一筹。

铁木真有绝对的权威，令行禁止。他能够笼络部下为之舍命向前，他懂得联合强部，逐一的去消灭敌手。在好斗的铁木真羽翼丰满之后，他面临的形势是如何与更强的对手决一高低，独霸草原。

现在，铁木真占据蒙古草原之东，与他相邻的是地处草原中部的克烈部王罕，再往西边就是乃蛮。统一草原的战争，首先在铁木真和王罕之间展开了。

铁木真和王罕是义父义子关系，他们之间有两代恩情，算得上是深厚的。最初，是铁木真之父也速该帮助王罕驱走他的叔叔古儿汗，使王罕得以执掌克烈部的大权。然后，是王罕援救弱小无助、前来认父的铁木真，击败了篾儿乞人，帮助铁木真夺回了的妻子孛儿帖。

大约在铁木真第一次称汗后不久，王罕为了巩固自己的地位杀亲弟弟，西走乃蛮的额儿客合刺求得乃蛮的帮助击败王罕，迫使王罕弃国西逃。就在穷困潦倒之际，铁木真及时前往迎接，帮助他恢复了对克烈部的统治。

由此可见，王罕与铁木真一家两代相交，他们互为依托，在困境中积聚力量，逐渐强盛起来。然而，在弱肉强食的争霸斗争中，亲生父子、兄弟成仇的事情屡有发生，作为义父义子关系的王罕和铁木真，除非义子永远向义父俯首帖耳，否则就不可能指望他们合作到底。在一次王罕和铁木真在一起开会的过程当中，王罕就曾背信弃义地在食中下药、酒中投毒，欲将铁木真置之死地而后快。

鉴于当时的形势，铁木真不能与王罕彻底决裂，他只能隐忍不发，暂时维持着双方的联盟关系。当敌手逐一被消灭后，都企盼独霸草原的王罕和铁木真，彼此便开始反目成仇，他们之间的危机也就一触即发了。

一次，王罕的部落大肆抢掠了蔑里吉部落，得到了无数男女人口和财物，但是结果他自己独占了胜利果实，连一个牧民，一只牲畜也没有赠送给他的盟友铁木真，也没有把这件事向铁木真通报一声。

过了不长时间，忽然有人报告王罕说，部落军队和牧民被乃蛮和曲薛吾等部落的骑兵从后面追袭，抢劫了许多东西，连王罕的儿子桑昆的妻子儿女，也被抢劫去了。

王罕马上派遣使者去见铁木真，向他详细报告了他们部落被抢劫和俘虏的情况，还说蔑里吉首领有两个儿子，已经被王罕部落俘虏，现在也趁机逃走了。

铁木真真诚地对使者说："我们两个部落的关系情深谊厚，本来不亚于父子，都是因为听信部下的谗言和挑拨离间，因此才产生怀疑，疏远了感情。现在既然军情紧急，急需支持，我马上派遣4员能征善战的将领和你们去解除危难，你们说这样办如何？"

铁木真不计前嫌，义不容辞解除危难的行动，让王罕的使者感恩不尽。于是，铁木真就命令木华黎、博尔术、赤老温和博尔忽"四杰"，带着快速铁骑军随使者前去增援。

铁木真快速铁骑军到了阿尔泰山附近时，就听见前面的厮杀声惊天动地，鼓角声响彻云霄。"四杰"知道，前面正在开战，而且听起来非常激烈，杀得难舍难分。

一行人登上山顶瞭望，只见辽阔的草原军旗飞舞，尘土飞扬，王罕部落的骑兵正被乃蛮军杀得丢盔弃甲，落花流水，眼看着七零八落地退下阵来。"四杰"等人见状，急忙率军冲下山来，挥军掩杀。

此时，王罕部落已经损失了两位将领，王罕的儿子桑昆的马腿中箭，险些被敌人活捉。危急时刻，木华黎迅速赶到，救出了桑昆，冲上前去与敌人迎战。乃蛮的头目曲薛吾等人虽已经战胜，但是长时间的厮杀，不免劳累乏力，怎么经得起这一支如狼似虎的生力军。

增援部队生龙活虎，见人就杀，遇马就刺！不到几个回合，曲薛吾军队难以招架，渐渐向后退却。"四杰"率领的军队越战越勇，直把敌人杀得四散奔逃，溃不成军。

战后，王罕在军营里召见了铁木真派遣的"四杰"，只有博尔术一个前去接受了召见，其他人素知王罕不够仗义，懒得见他。王罕赞赏博尔术为人忠义，赠送他一件锦衣和10个黄金酒杯，还对他说："我现在年事已高了，将来部落里的这些百姓，不知道让谁来率领他们了！我的几个弟弟都没有什么好德行，难以服众，一个儿子桑昆也和没有一样，他既无德也无才。你回去以后，请转告你的主人说，他假如还没有忘记过去交情的话，愿意和桑昆结拜为安答，这样我就有了两个儿子，我也就能安心了！"

"四杰"回来后，转告了王罕的话。于是，王罕就和铁木真在土兀剌河岸摆设酒席，相互祝贺。两个部落的首领和民众，关系融洽，气氛友好。双方在此订立了盟约，约定一旦遇到战事，就要共同对敌。

这件事过后不久，铁木真就想与王罕部落通婚，以密切双方的关系。铁木真想为长子术赤向王罕的女儿抄儿伯姬求婚。然而，这个要求被桑昆拒绝了。

就在这时，札木合认为有机可乘，又蠢蠢欲动。他趁机挑拨离间，暗地里勾结铁木真的手下阿勒坛、火察儿和答力台3个人，唆使他们背叛铁木真，投靠王罕。而桑昆对于父亲认铁木真做义子早就心怀不满，他害怕铁木真借此强大起来，以兄弟的身份威胁他继承克烈部的汗位。札木合等人的挑拨言语，此时正合桑昆的心意。

几天过后，桑昆向他父亲报告说，他部下的将领阿勒坛等人前来投诚，并且阿勒坛还向他通报了铁木真准备攻击王罕的秘密。

王罕听了却不以为然，对儿子说："铁木真好几次为我解救危难，咱们不应该辜负铁木真的好心。况且我已经年老了，也活不了多少时间了。只要在我活着的时候不被别人砍死，我死的时候骸骨能够平安地合葬在一处，我也就心满意足，死也瞑目了！我不想我自己去找死。至于你，你想怎么干就怎么干去罢，不过，你还是谨慎一些才好！"

显然，王罕这样说既不辜负铁木真的好意，又怂恿了儿子，可见他是首鼠两端的人，也称得上是老谋深算了。

桑昆和阿勒坛等人果然商量了一条毒辣的诡计，准备诱捕铁木真。他们定下了计策，立即派人去邀请铁木真前来出席宴会，以便当面订立婚约。

胸怀坦荡的铁木真对这件事没有产生怀疑，只带领了10多个骑兵和少量步兵，当天就起程，到王罕那里去参加宴会。

铁木真的队伍正行之中，突然奔来一名快马骑兵，说有机密要事求见主帅。那人急急忙忙地向铁木真报告说："我是王罕部落里的牧民，名叫乞失里。我因为听说桑昆言而无信，表面上允许婚事，在暗地里却设下阴谋，现在已经扣留下了你派去的使者，准备派出骑兵袭击。我对这样的阴谋一直就非常痛恨，特地前来报告。你们部落赶快准备对敌吧，他的马队很快就到了！"

铁木真听了心里大惊，他说："现在我的手下的人马不过几百人，哪里能抵挡得住王罕部落的大队人马？现在，我们返回驻地已经不及，只有赶快到附近的山中躲藏起来，避免被动挨打！"说完，他立即召集部下，命令他们抛掉粗笨的东西，轻骑撤退。

他们沿着卯温都儿山后行进，让哲别在后面巡哨，一直走到第二天太阳偏西的时候，来到了哈阑真沙陀，在这里驻军休息。

铁木真的人正在草场上放马，突然发现沿着卯温都儿山前，有大队骑兵奔来，但见尘土飞扬，遮天蔽日。于是，赶紧报告铁木真："王罕的军队追来了！"

铁木真立即上马指挥战斗，他刚摆好阵形，王罕的马队已经冲到了阵前。好险！如果不是及早发现敌人骑兵踏起的尘土，真的就要措手不及了。王罕与铁木真的两军迅速对阵摆开。很显然，铁木真的军队远远不如王罕的军队人数众多。

王罕的第一梯队冲上来了，铁木真这边的术赤台和畏答儿领队冲出迎击，很快打败了王罕的第一梯队。随后，王罕的第二梯队杀到，术赤台率部力战，也很快打败了王罕的第二梯队。术赤台为了扩大战果，迅速乘胜追击，将冲上来的第三梯队、第四梯队也打了下去。

四个梯队的进攻都没有奏效，桑昆心中焦躁不安起来，他不等父亲王罕下令，便策马上前。不料被铁木真的箭手一箭射中面腮，桑昆翻身落马。

克烈人立刻拥上，把桑昆救回营中。经过几番激烈的搏斗，王罕的军队不得不退后几百丈，铁木真赢得了宝贵的喘息时间。

铁木真催军快行，到了温都尔山。铁木真登顶西望，没发现什么动静，这才稍微放心。当天晚上，他们就在山后宿营。

第二天黎明十分，铁木真的侄儿阿勒赤歹和合赤温子两个人正在山上放马，突然发现远处敌军浩浩荡荡奔驰而来，他们慌忙报告铁木真。铁木真这时还住宿在大山的后面，根本不知道敌军已经到来。

铁木真接报后，连忙率军应战。这时，畏答儿勇敢地说："兵在精而不在多，将在谋而不在勇。在危难的时候，我们应该多为主帅考虑。我认为，我们现在应该立即派出一支军队，从大山的后面绕到山的前面去，攻击敌人的背后。主帅这边率领一支部队迎面拦截住敌军，这样前后夹攻，就能取得胜利！"

铁木真觉得计策不错，就点头同意。畏答儿对铁木真说："我愿意率领部队去攻击敌军后方！我要是在战斗中阵亡了，我有3个幼小的孩子，请求主帅给予抚恤！"

铁木真立刻坚决地说："这个自然！上天是会保佑你的，我们应该不至于在战斗中失利。"于是，他让折里麦和畏答儿同去出战。铁木真命令术赤台率领先头部队，自己指挥后援部队，一齐到大山前面，排列成阵式，等待敌人的到来。

畏答儿等人率领的军队已经绕出大山前面，正遇上王罕的先锋首领只儿斤，他手里挥着大刀，迎面向前冲来。畏答儿也不和他答话，提刀与他交战。折里麦也率领骑兵紧紧跟上。

这时，王罕的第二批援军蜂拥而来，领军的头目叫作秃别干。只儿斤见援军到来，拨转马头，重新杀入阵地。

折里麦担心畏答儿久战力乏，连忙上前与敌将接战。秃别干也跟着杀了上来，这时畏答儿只得迎战。王罕兵势强盛，很难阻挡。畏答儿这时只是孤军奋战，心中难免恐慌，不禁刀法疏漏，秃别干乘机举枪刺来，恰巧刺中了他的马腹，坐骑疼痛难忍，快速奔回阵地。畏答儿驾驭不住，被马掀倒在地上。

秃别干快马加鞭，追赶上来，用长枪来刺畏答儿，没想到前面突然冲来一员大将，把秃别干枪杆挑开，"哗啦"一声巨响，连同秃别干的一支长枪，一齐飞向了天空。那员将领救起了畏答儿，又在敌军中抢夺了一匹骏马，让畏答儿骑着。畏答儿稍作休息，又英勇地杀入敌人阵地去了。

这员大将就是术赤台部下的先锋，名字叫兀鲁兀。兀鲁兀力大无比，英勇非凡，他把秃别干吓退了，救出了畏答儿，接着又去追击秃别干。这时，王罕部队的第三批援军又到了，为首的将领叫作董哀。

董哀立即来截住兀鲁兀，又是一场恶战。术赤台率领军队增援，全军将士奋勇向前，终于把敌军杀退了。

在其他地方，铁木真的几员大将博尔术、术赤台、博尔忽、窝阔台也奋力拼杀，这几个人都不同程度地受伤了。

铁木真看到这个情景，难过得流下泪来。这时，博尔忽跑来告诉铁木真："刚才我往这里来的时候，看见卯温都儿山前尘土飞扬，敌人军队已经朝那个方向撤退了。"铁木真心下稍安，指挥军队向其他方向转移。

哈阑真沙陀之战是一次著名战役，这是铁木真一生中经历的最为艰苦的战斗。许多年之后,蒙古族人们仍不断地讲述战斗的情景。铁木真与草原上最为强大的霸主王罕,以及依附于王罕的许多蒙古部奋力对抗,但是敌众我寡,力量悬殊,尽管他的勇敢的将士消灭了不少敌人,但是自己的伤亡也十分惨重,铁木真不得不作战略退却,寻机再起。

后来,王罕和桑昆父子在铁木真的反击战中战败,他带着少数随从奔逃。一路上,王罕叫苦不迭。他们向西逃到乃蛮边境边,来到了叫克撒合勒的涅坤水地方。

王罕口渴了,独自去找水喝,恰好遇见了乃蛮的守边将领豁里速别赤。王罕赶紧声明自己就是大名鼎鼎的克烈君主,无奈豁里速别赤不认识他,也不相信他的话,便把他捉住杀掉了。

他的儿子桑昆闻听后继续逃命,经过西夏的亦集乃城,即今天的额济纳,来到西藏地区。在那里,桑昆到处抢劫,当地居民集合起来包围了他,他又仓皇突围而出,向西逃到曲先,即今天新疆的库车。曲先的首领和居民对桑昆十分反感,就把他抓起来杀掉了。

就这样,风光一时的王罕及其克烈部被消灭了,铁木真扫除了他统一草原的最大障碍。在整个统一蒙古草原的过程中,王罕曾经屡克群雄,消灭了不少大大小小的割据一方的部落,在这个意义上来说,他还算是建立了自己的功业。

如今,王罕的基业已为铁木真所有,铁木真就此成为草原上最强大的势力。

纳忽昆山战乃蛮

现在,铁木真最后统一草原的重要战争已如箭在弦上,势在必发。这就是再向西进军,与强大的乃蛮决战。

当时的乃蛮分裂为两支,一支由不欲鲁汗统治,称"占出古惕乃蛮",另一支由不欲鲁汗之兄太阳汗统治。铁木真曾经几次与乃蛮的不欲鲁汗及其联军作战,极大地削弱了不欲鲁汗的实力。这次铁木真的兵锋所指,是太阳汗统汉下的乃蛮部。在不欲鲁汗屡遭失败时,太阳汗漠然坐视,当王罕遭受铁木真的突袭而败亡时,太阳汗依然隔岸观火。在这之后,太阳汗不得不单独面对铁木真的乘胜之师。

为了寻找盟友,太阳汗派脱儿必塔失为使者到长城附近的汪古部去,邀请他们共同夹击铁木真。于是,正在围猎的铁木真在围猎现场得到乃蛮要来进犯的报告。

当时,在围猎刚刚开始的那天,铁木真集会宴饮。酒过三巡,兴致骤起,铁木真对各位英雄说:"从今以后,谁也不许过量饮酒,希望大家认真遵守这项命令!"

这时候,他的小弟弟铁木格进来说:"汗兄,请示围猎的日程,我好下达命令。"原来他们正在围猎。

铁木真点头，对各位说："诸位，请把饮酒的豪爽派头拿出来，到猎场上见，看谁的弓马技术占鳌头！定在下月十五日吧。"

围猎的地方名叫铁篾延客额儿，因为这里有两座高峰，耸立在长长的山脊上，酷似两座驼峰。

山下的原野长满榆树和灌木丛，野兽很多。为了训练军兵、将士的骑射，铁木真组织了这场围猎。合围的时间定在第二十一天。

铁木真把队伍按十户、百户组织起来，包围了方圆数百里的地方，把各种野兽赶往这一原野。十户、百户长们各执红、绿、黄、蓝、白色旗帜。

绿旗摇动，军队前进；红旗招展，士兵休息；黄旗风摆，大家吃饭；白旗耸立，下马宿营；见到蓝旗，合围射猎。

行围从1204年农历二月十五日开始，蒙古军士备好干粮、水袋，各队在7日之内到达指定地点，从四面八方紧围，追逐野兽，赶往铁篾延客额儿。

7日之中，他们见绿旗则进，见红旗则息，见黄旗则饮，见白旗则宿，最后把野兽全部赶拢在骆驼原野。

夜晚，他们点燃篝火，轮流站岗，防止野兽脱围。白天，他们敲响锣鼓，谨防野兽逃跑。

到了第三个七日，他们合围于秃勒勤扯兀惕地方，开始最后的猎杀战斗。

蓝旗招展，铁木真带头纵马驰入猎场。猎场灌木丛生，一些地方，马不能进去。铁木真令军士弃马轻装，手执弓箭，奋勇而进。

围猎正酣，汪古部派使者前来告急。一位黑大汉来到铁木真面前，行礼后说道："我是汪古部首领阿剌忽失的使者忽难，首领让我告知大汗,乃蛮的太阳汗要来夺您的弓箭,叫我们做他的右翼,我们没同意。现在我特来报告,请您注意防范。"

使者还说:"乃蛮的太阳汗说,'为了宇宙的明亮,天空中有日有月。但天无二日,民无二主,我们去把蒙古人手中的弓箭夺来。他的继母古儿别速也说,蒙古人身体有臭味,衣服破旧,需要把他们赶到远处,只把他们的美女艳妇掳来,让她们洗了手脚,去挤牛羊奶'。"

铁木真以上宾接待使者,摆宴为使者接风。为报答阿剌忽失的情谊,赠送战马500匹、绵羊1000只而返。

使者走后,铁木真当夜即在围场请家族成员和众英雄好汉商讨对策。听了大家的意见,铁木真说道:"今天大家收猎,明天向合勒合河方向进发。"

1204年3月,铁木真率军沿合勒合河前进,驻营于客勒铁该合答,做进攻前的准备。铁木真知道,乃蛮地域辽阔,人口众多,军士勇健,马匹强壮,经济文化较为发达。

铁木真首先要做的,是进一步整顿军事组织。他把原来以"古列延"为形式的军事单位,按照围猎分派了十户长、百户长和千户长。此外,还组建了宿卫和散班,作为大汗的护卫军。由千户长、百户长以及官员子弟中有技能、身体勇健者入选,指派6位扯儿必那颜统辖。此外,铁木真又选出1000多勇士,令阿儿孩合萨尔统辖,战斗时做先锋,平日做散班。

1204年农历四月十六日,铁木真整军举行祭旗仪式。

这一天,草原上站满了数万骑士。各位将领身着盔甲,手持利剑,领军立于蓝色旗下。

铁木真头戴金盔,身着银甲,登上帅台。立时万军躁动,"铁木真!铁木真"的呼喊声响彻草原。有人早已备好马血的九骏,把碗盏呈上。

铁木真接过碗盏,仰望苍天,下祷厚土,说道:

苍天护佑,地母垂顾!军旗所到,顽敌荡灭!乃蛮的太阳汗口出狂言,要夺我弓箭。在此之前,我们先去收缴他的箭袋,夺取他的人民,占领他的土地!我们的骑士,所向披靡,战无不胜!我现在命令,军队出发,前进!

随着铁木真的一声令下,人喊马嘶,整个草原一片沸腾,军旗在风中招展,纷乱、沉重的马蹄踏上通往阿尔泰山方向的道路,扬起高高的灰尘,霎时间遮住了蓝天上的太阳。

这一战,是蒙古族古代史上著名的"纳忽昆山之战"。

战斗伊始,双方激烈交锋。战斗在纳忽昆山前和东麓进行。铁木真派4位前锋率4000余军马出击,4000余军马,如4000余猛虎。

蒙古兵怀缰腰间,拉弓劲射,乃蛮军纷纷落马,后继军士抽剑砍杀,如铡刀斩草,所向无敌。在不怕牺牲的蒙古军面前,乃蛮军难以抵挡,纷纷溃逃。铁木真的4位先锋带领军士把乃蛮军像老鹰抓小鸡一样捕捉、追杀着。

不久,铁木真亲自率领护卫军和"四杰"从东南杀入,他们像割草一样斩杀着乃蛮军。

天黑以前,铁木真军层层包围了纳忽昆山,点燃篝火,防止乃蛮军乘夜突围。当夜,乃蛮军为了逃命滚下山崖而死者无数。

天亮以后,蒙古军攻上山头,乃蛮军已无斗志,纷纷缴械投降。

铁木真率领军队穷追不舍,路过乃蛮部落原来驻地的时候,铁木真大军把那里的所有人口和牲畜,都全部夺取了过来,连太阳汗的老婆古儿别速也一起捉拿了过去。

当天铁木真升起军帐,先叫人把太阳汗从外面推了进来,铁木真只是简单地询问了几句话,太阳汗这时吓得浑身发抖,胆战心惊。铁木真笑着对他说:"这样没用的家伙,留他有什么用处?"命令将士把推出去,立即斩首,随后将士们把古儿别速献给了铁木真。

处决札木合

在乃蛮部被粉碎以后，铁木真成为北蒙古的君主，几乎统治了所有部族。剩下的一个难题是怎样处置昔日的盟友、后来背信弃义的札木合了。

乃蛮人的盟友、铁木真的对手札木合已众叛亲离，落到了一种人人驱之的处境，过着流亡生活。

札木合躲进唐努山中，跟随他的仅5人而已。他在森林中，以狩猎和劫掠为生，过着朝不保夕的悲惨生活。正当他处于这种可悲境地时，发生了一个决定他命运的悲剧事件。

一天，札木合猎了一只野羊。他点燃柴火，把羊放在火上烤熟，准备饱餐一顿。

正当他大口啃着烤熟的羊肉时，早已对这种穷酸生活感到厌倦的他的5个随从突然向他扑来，把他抓了起来。他们用绳子将他牢牢捆住，将他押送到了铁木真处。

札木合从小与铁木真结为安答，后来在统一蒙古诸部的斗争中，与铁木真争斗了20多年，打了5次大仗。

今天，他却被自己的伙伴活捉送给铁木真。他双眼紧闭，回想起与铁木真5次交锋的情景,每战历历在目。

铁木真为何每战必胜?是我不如他吗?他为何路越走越宽,部众越来越多?是我的想法和需求不对吗?这些问题,他自己找不出答案。

在白毡大帐里,铁木真正襟危坐。札木合向他微躬身躯,请安问候,随后说:"下奴擒拿了汗主,这事安答你怎么看?身为奴仆却围擒本主,英明的安答你看对吗?"

铁木真闻言说道:"身为奴仆怎能侵犯本汗主,这种人还能与谁为伴!"他下令斩了捉拿札木合之人。

然后铁木真对札木合说:"现在我们俩人又相会了。过去做安答时你怀异心离开了我,现在我们重新做安答,忘了的事互相提醒,睡着时要及时叫起。你过去虽然离开了我,但仍然是吉庆的安答,打仗时你总是心疼我,比如与王罕作战时,你把王罕说的话告诉了我,这是你的提醒之恩;与乃蛮作战,你用言语吓坏了太阳汗,这些事我都不会忘记。"

听了铁木真的话,札木合回答说:"小时候,我与你结为安答时,情同手足,可后来轻信了外人的挑拨,让我们分离了。想起我们立下的誓言和我后来的言行,真是无颜再见安答的面。你如今不记前仇,要与我重新和好,更让我感到不安,该做朋友时,我没能做朋友。现在四方都已平定,各部落都来归附,草原大国就要建立了,汗位非你莫属,我再与你做朋友还有什么益处呢?我活着只会使你感到不安。"

草原上的英雄最终只能有一个,已经穷途末路的他即使活下去,也不会再有作为。札木合叹息了一声,继续说:"我今天兵败被俘,没有颜面与你相见。你已经收服了各个部落,皇帝的大位子已经决定了,从前我们相交很深,该做好伙伴的时候,我没有抓住时机,结成友好联盟。今天你成为大汗,还要我做什么?你如果不忍心杀我，就像皮肤上的虱子，背上的芒刺一样，反而让你不得安心！真是天数难逃，过去的洪福不会再来，不如让我自行了断吧！"

铁木真听了这些话，对札木合犹有怜意，他想即使在他们两人之间发生不睦之后，札木合也没有用下流的语言咒骂过自己。铁木真想，札木合安答虽然离去，但从未听他说要残害自己的生命。

铁木真说："我本来并不忍心杀他，他想自尽，就依从他罢了！"

铁木真随后即提出了处死札木合的理由："从前在盗取马群的时候，札木合安答你前来攻打，我们交战于荒野，你把我逼入狭地。这个事你不会忘记吧？现在我想友好，你不答应，即使想保全你的性命也没有办法了。现在就依照你的话，叫你不流血而死，不把你的尸体抛弃，以礼埋葬！"

于是，铁木真下令按处置贵族的方式，赐札木合不流血死。采取这样的死刑，是因为蒙古人认为灵魂居于血液之中，不流血就保住了灵魂。

这也是按古代土耳其、蒙古萨满教的信仰，杀死有罪的尊贵人物的惯例进行。

札木合当天就自杀了。

这位曾与成吉思汗分庭抗礼的首领，这曾一度使成吉思汗前途难卜、命运多舛的人物，被厚葬到了一个高地。

根据阿尔泰山地区萨满教徒的说法，札木合的灵魂将从那里永远地保佑他的战胜者的后裔。

辽阔的蒙古草原绝大部分都已处在铁木真的统治之下了，到这时，铁木真才有了他自己的独立的可汗地位，他顺应统一的大势，艰苦创业，克敌制胜，终于取得了成功，下一步便是创建国家。并凭借新的政权，扫平草原上尚未降服的势力，再驱赶他的铁骑去征服更加广大无边的土地，以成就他的伟业。

继承汗位

1205年，铁木真33岁。这年冬天，铁木真领军返回斡难河老营。在返回营帐的第二天，铁木真召集部落首领到斡难河参加大会，树起了历史很古老的九足白徽的旗帜，蒙古族俗称这种旗帜为察干苏勒德，象征王权和军威，旗帜在草原大风中飘扬。

在军帐的正中坐着八面威风的铁木真，他的两旁侍卫林立，防卫森严，各部落首领见状依次先后进帐拜见，互相庆贺战争的胜利。

铁木真站起来又坐下去，向前来祝贺的各部落首领答礼，各部落首领齐声说："主帅不必多礼，我们都愿意真心拥戴，推举你为草原的大汗！"

铁木真对此踌躇不决，合萨尔高声说道："我的哥哥威名远播，功德超人，怎么不能做个更大的首领？我听说中原有个皇帝，我哥哥也称着皇帝，那就更好不过了！"他真是快人快语。

各部落的首领听了这句，都欢声雷动，群情振奋，齐声拥护，一齐高呼皇帝万岁！

阔阔出前来向铁木真说："昨夜我面见了天帝，天帝说你已到做大汗的时刻。"

阔阔出平时总是喜欢谈论人的祸福和命运，还经常被他预测准确，得到应验。听了他的话，铁木真遥拜苍天，然后对他说："过去，消灭克烈部时你曾传达天帝的旨令，让我当合木黑蒙古之汗，现在又出此令是为何意？"

阔阔出微闭双眼，略静片刻，说道："上天有千万只眼，无所不知，无所不晓，令你做大蒙古之汗，已令出3次了。"

听了阔阔出的话，站在一边的几个人也都劝说："从碧绿的兴安岭到雪白的阿勒台山峰，从北方的贝加尔湖到南方雄伟的长城，都已归入您的统治下，建立毡帐百姓统一的大蒙古国是人们的愿望，现在已到了这一时刻，应该顺从天意才是。"

铁木真没有说话。好长时间后，他转脸又问阔阔出："天帝让我做蒙古国大汗，赐予我什么称号？"阔阔出沉默片刻说："赐号'成吉思'，你拥有四海，坚强有力，是名副其实的海内大汗，上天赐予你这吉祥的名字，是我们众人的幸福！"

阔阔出是个聪明人，透过众人的脸色、眼神早已看出了大家的疑问，于是把他已经编好的一套"理由"摆了出来："天神告诉我让铁木真可汗称'成吉思汗'，并没有说明这几个字的含义。我自己理解不外乎这么几个意思：我们草原各部几乎都有可汗，其中某些力量稍强的人就妄自尊大，比如札木合等就曾称为'古儿汗'。'古儿'，普也，古儿汗即众汗之汗，'普天下的可汗'。乃蛮的可汗自称'太阳汗'，也就是说他是'全世界的可汗'。听说在西夏西南，有的人还称'达赖汗'，'达赖'意为海洋，'达赖汗'即海洋汗、大海汗、四海之内可汗。但他们既没有征服众汗，更没有统一天下、平定海内，相反却一个个先后国破身亡。我们今天征服诸部，统一漠北，这才是名副其实的古儿汗、太阳汗、达赖汗。然而这几个称号已被玷污，我们的可汗功盖宇内、威震四海，不能再因袭这些称号,因此天神赐号为成吉思汗。"

铁木真和诸位那颜都听得入迷了。但有些将领来自其他部落,他们不信萨满教,对阔阔出的话自然是更加怀疑。

他们同意铁木真不要因袭古儿汗、太阳汗等称号,但是对于究竟称不称"成吉思汗"的问题还有所保留。

阔阔出为了说服这些人,就不能只是借助天神的旨意。幸好阔阔出是一个知识丰富的人,他灵机一动,又想出了一大篇道理。

他说:"从字面解释,我们蒙古的'成'含有坚强之意,'吉思'为众数,由此推论,成吉思汗应为众人的、强大的可汗。从另一个角度看,'成'又含有伟大、强大之意,'吉思'也可理解为'最大',成吉思汗即伟大的可汗,或者称为大多数人强有力的皇帝。还有一种理解,'成吉思'与'腾吉思'同音,'腾吉思'即海洋之意,成吉思汗也可以说是海洋可汗、海内可汗,无论怎样理解,'成吉思汗'这个称呼也是吉利的、名副其实的。"

听到这里,铁木真突然打断了阔阔出的话,劈头问道:"如此说来,这与你刚才说的古儿汗、太阳汗、达赖汗岂不是异名同义吗?"

阔阔出皱了皱眉头,稍微考虑了一会儿,然后又回答道"以上几种解释,确有异名同义的毛病,所以我并不主张那样理解,因为那些说法还不足以表示我们的可汗功盖天下、威震四海。我曾听汉族人说过,中国第一个统一天下的人自称为始皇帝,意思是说他功过三皇、德高五帝,这个称号很有气魄。我们的'成吉思汗'这个称号,则是神仙所赐,上天所命,所以用不着我们多做解释,'成吉思汗'就是天赐的可汗,就相当于汉人的天皇帝。"

阔阔出的一席话正说中了铁木真的心思,铁木真非常高兴,诸部那颜更是喝彩叫好，大家一致同意铁木真的尊号为"成吉思汗"。

然后，成吉思汗定国号为大蒙古国。从这时起，"蒙古"就成为草原各部的总名称了，一个统一的蒙古民族的共同体出现在世界的东方。

1206年春天，在斡难河畔举行了隆重的成立大蒙古国庆典。这一天，天气晴朗，风和日丽，草坪上筑起的成吉思汗宫帐威严壮丽。这是一顶用8根顶柱、24块哈那支起的大蒙古包，包顶用蓝色花边装饰，包缘闪动着金光。

一阵庆贺的锣鼓和奏乐过后，成吉思汗高举手臂，大声宣布：

> 仰仗上天的护佑，依靠大地母亲的垂顾，得到千万百姓的支持，我即蒙古汗位，国号命名为大蒙古国！

封赏功臣

庆典进入第二阶段，成吉思汗封赏功臣。

第一位被封赏的是蒙力克老人。成吉思汗对他说："你是我同生共长、有福有庆、有很多功德的人。其中，王罕父子用计害我，途中是你谏阻，才使我不堕漩涡、不入焰火，此功此德，直到子子孙孙，不能忘记！今后，给你设位坐在我的上角，每年每月对你论赏，直到子孙不绝。"

成吉思汗非常感谢博尔术的忠诚。对他说："在我小的时候，失去8匹白骟马，你连向你父亲都没有说一声，就帮助我追回了那8匹马。你是富翁的独生子，何以与我交友？完全是一片忠心！从那以后你来到我这里，在不尔罕山一起躲避篾儿乞人的追杀。有一次我们俩人出去，受到几个敌人的伏击，搏斗中突然有一支箭射中我，我昏迷过去，你立即用热水给我漱口，使我吐出了喉咙里的凝血，使我的灵魂重又回到我的身体里。在答阑捏木儿格思与塔塔尔对阵时，夜雨滂沱，你为了让我安眠，张着毡衣为我遮雨，你支着腿在雨地里站了一夜。博尔术，你的功劳说不尽，你的忠诚感泣鬼神！"

于是封博尔术为第二千户，地位在众人之上，可以9次犯罪不受惩罚，并任命他为管辖西边直到阿尔泰山地方的军事统帅——右手万户。

木华黎被封为第三千户，成思吉汗任命他为左手万户，管辖东边直到哈剌温只都山即今大兴安岭的地方。

木华黎很早就随其父古温兀阿投靠了铁木真。有一次古温兀阿等6名随从与成吉思汗一起逃避乃蛮人的追击，成吉思汗的坐骑突然死掉，另5名随从大惊失色，只有古温兀阿将自己的马交给成吉思汗，然后徒步与追兵激战而死。

木华黎英勇善射，足智多谋，随成吉思汗共历艰险，战绩显赫，与博尔术、博尔忽、赤老温一起被称为成吉思汗的"四杰"。

成吉思汗对豁儿赤说："自幼你便与我为伴，甘苦与共，你出过大力。很早以前你就把上天的旨意告诉我，说我将做国主。你还说，如果天意应验，你要做万户，还希望娶30名美女为妻。现在，你从降服的百姓里，挑选30名美女吧！"

接着，成吉思汗又封豁儿赤为千户，并让他在3000名巴阿邻族人的基础上，再加上赤那思族、脱斡劣思族、帖良古惕族的百姓，共一万人，由豁儿赤做万户，辖区为沿额儿的失河的林木百姓住地。

巴阿邻人纳牙阿也以忠于故主而受到嘉奖。成吉思汗对他说："你和父兄一起擒拿了泰赤乌人部的塔尔呼太，你说属民不可以侵犯自己的领主，就把他放掉了。你来到我这里，当时我说你是通晓爱护领主的大道理的人，可以委付大事。后来你送忽阑姑娘到我这里，并且说了真话，我又一次说你是诚实的人，可以委付大事。现在博尔术是右手万户那颜，木华黎是左手万户那颜，我任命你为中军万户那颜！"

对于兀鲁兀部首领术赤台，成吉思汗盛赞他的功劳说："在与克烈人作战时，虽然是畏答儿首先请战，但最后成事的是你。你一连串打败了土绵土别格人、斡栾董合亦惕人和豁里失列门的1000名护卫,直取他们的中军,射伤了桑昆的脸颊,这是你最大的功劳。在我们共饮班朱尼湖水后,你做先锋进攻克烈人,蒙天地佑护,我们把克烈部的百姓征服了,这是你的又一个功劳。你在杀伐之时,不惜牺牲,作战之时,不失阵地!"

这样,铁木真封术赤台为管辖兀鲁兀的千户那颜。同时为了酬答术赤台,成吉思汗还把自己的一个妻妾亦巴合别乞赐给他做妻子。

在每次战争中都勇敢地冲锋陷阵的"四条猛狗",即忽必来、者勒蔑、哲别、速别额台。

成吉思汗对他们大加赞美:"你们给我扭断了强梁的脖子,给我摔得力士屁股着地。忽必来、者勒蔑、哲别、速别额台你们四人犹如我的四条猛狗,无论叫你们到哪里去,你们都会将坚石撞碎、崖子冲破、深水横断!所以在厮杀时,叫你们四狗做先锋,叫博尔术、木华黎、博尔忽、赤老温四杰随从我,叫术赤台、畏答儿带领兀鲁兀和忙忽人立于阵前,这样我就安心了。"这四个人也都成为千户那颜。

成吉思汗还深情地对者勒蔑说:"你的父亲札儿赤兀台老人背着风箱,从不尔罕山下来,当时正值我在斡难河的迭里温孛勒答黑地方出生,就送了我一个貂皮的襁褓。那时你者勒蔑也在襁褓之中。以后你做了我的门户内的奴隶,建立了许多功劳。你是我的一同生长在貂襁褓里的吉庆同伴,你可以九次犯罪不罚!"

成吉思汗也没有忘记忠心耿耿地为他战斗而死的勇士们以及他们的子孙。蒙古家族视天下为家产,因此成吉思汗按照分配家产的体例,给自己的亲族分配了大量的人户。

对母亲月仑夫人抚育的四个养子,即失吉忽秃忽、博尔忽、曲出、阔阔出都被封为千户。

铁木真说:"畏答儿在战斗中首先请战,立有功劳,应当给他的子孙们以抚孤的赏赐!"

铁木真又对察合安豁阿的儿子纳邻脱斡邻勒说:"你的父亲察合安豁阿忠勇作战,在答阑版朱思之战中为札木合所杀。现在以你父亲的功劳,给你以抚孤的赏赐!"

纳邻脱斡邻勒说:"我族捏古思人分散在各部,倘蒙恩赐,请允许我把捏古思的兄弟们收集起来。"

成吉思汗于是下令:"你可以收集你的捏古思兄弟们世世管辖!"

此外,按照蒙古习俗,幼子享有优先继承遗产的权利,即俗称"幼子守灶",这是蒙古氏族的主要特征之一。那么幼子拖雷将要继承成吉思汗直接领导的10多万军队,还将继承成吉思汗直接统治的蒙古高原中部地区。

铁木真其他年长的儿子则分离出去,自谋生计。因此,成吉思汗生前分封诸子,拖雷留在他父母身边,继承父亲所有在斡难和怯绿连的斡耳朵、牧地及军队。

成吉思汗留下的军队共有12.9万人。其中1.1万由拖雷继承。1227年成吉思汗死后,拖雷做了监国。

成吉思汗的千户制,是一种军事、政治、经济三位一体的制度,它基本上打破了以血缘关系为纽带组成的原始氏族,变成了按地域编制的军事行政组织。

这种组织既保存了氏族部落勇于战斗的长处,又克服了旧贵族分部而治的弊病,从而完成了蒙古草原从分裂向统一、从部落联盟向真正的国家的转变。

成吉思汗分封的95个千户,既是为蒙古国创造物质财富的基本力量,又是进行征服战争的主要工具。

颁布大札撒法令

成吉思汗为了加强统治，建立元朝之初就设置了司法行政机构，以大断事官为其长官。断事官在蒙古语中被称为札鲁忽赤，其职责一是掌管民户分封，二是掌管刑罚词讼。

大断事官就是蒙古国最大的司法行政长官，相当于中原的丞相。成吉思汗在1202年击败塔塔尔后，就曾任命他的异母弟别勒古台为断事官，任务是管理事务，审问斗殴、偷盗和欺骗的案件。现在，成吉思汗要任命管理全国的大断事官，这个职权更加重要了。

成吉思汗在一开始分封功臣的时候就说："我的有殊勋的同伴，将予以特殊的赏赐，让博尔术、木华黎走上前来！"当时月仑夫人的养子失吉忽秃忽正在宫帐内，成吉思汗便命令他去召唤。

失吉忽秃忽见成吉思汗首先赏赐博尔术和木华黎，心中不服，就开口对成吉思汗说："博尔术、木华黎等人，难道他们比我的功劳还大吗？难道我的功劳比他们还小吗？想当初我还在摇车子里的时候，我就到了你的家里，如今，我的下巴已生出胡须，可我未曾有过三心二意。我从尿裤子的小孩子时候就在你的家里，如今胡须这么长了，也未曾做过什么错事。月仑母亲让我睡在她的脚后，就像对儿子一样抚着养我，你让我睡在你的身旁，就像对亲弟弟一样照看我。现在，你怎样赏赐我呢？"

成吉思汗听了失吉忽秃忽这样说，便下令："你失吉忽秃忽不是我的六弟吗？那我就给你像给亲弟弟一样的份子。你立下过很多的功劳，我现在奖赏你9次犯罪不加罚。承蒙长上天的佑护，如今，天下的百姓顺服，你就做我的眼睛和耳朵吧。我从所有有毡帐的定居的民众中，分些属民给你。你今后所说的话，谁也不许更改。"

接着，成吉思汗便任命失吉忽秃忽为全国最高的大断事官。成吉思汗对他说："今后，你在全国的百姓中，惩治盗贼和欺骗者，该处死的就要处死，该惩罚的就要惩罚。"

接着他又说："今后，全国的分产、办案之类的事务，都要记在青册上。凡是失吉忽秃忽和我商量过的所断的案子，要记在白纸青册上，子子孙孙永远不得更改，谁要是更改，就要严加惩办！"

从此以后，失吉忽秃忽就成了蒙古国最高司法行政长官。失吉忽秃忽断案公正，曾给予犯人很多帮助和恩惠。为了弄清事实，失吉忽秃忽曾经屡次告诉罪犯："不要因为恐惧而招认，不要害怕，一定要说实话！"

失吉忽秃忽的断案的方式方法和原则，奠定了蒙古国判决案件的基础。失吉忽秃忽后来活了82岁，在成吉思汗死后的窝阔台汗统治期间，失吉忽秃忽长期担任断事官一职，管理着汉族地区的行政事务，汉族地区把他称为"胡丞相"。

为了维持刚刚建立的国家的统治，就必须制定法律。其实蒙古原来没有文字，长期以来奉行着有史以来的约孙，约孙在蒙古语里就是"道理""规矩"的意思，也就是习惯法。贵族们掌握了统治权后，他们的口头命令，就成为法律了。

成吉思汗的命令被称为"札撒"，在蒙古语里，札撒是"法度"的意思。成吉思汗在1203年消灭了克烈部后，曾经召集大会，订立了较为完善的法令，不过从形式上来说，那时只是比较系统地宣布号令而已。

自从蒙古人开始使用文字，才有了写文章的章法。成吉思汗建国的时候，命令断事官失吉忽秃忽把决定了的事情记在青册上，可以说从那时起，写文章的章才有了法开端。至于后来的蒙古文，是经过长期的改革，才日趋完善的，并沿用到今天。蒙古文字的创制和它的使用，对蒙古族各方面的建设和发展，都具有显而易见的历史性作用。

在1219年成吉思汗西征之前，他再次召集蒙古贵族大会，这次大会规定了领导的规则、法律、命令和蒙古人古代的习惯法。他命令将这些也都写在纸上，并且将它命名为《大札撒》，然后加以颁布和实施。

每一个被封的王都领有一部《大札撒》，把它藏在金盒中，凡是在以后遇到新的大汗即位，在调动大军或召集议大事，他们就拿出《大札撒》，仿照那上面说的话行事。除此之外，成吉思汗还有许多的箴言，蒙古语称之为"公里克"，公里克也是臣民们所应该遵循的各种法令。

现在，成吉思汗的《大札撒》已经失传了，但在中外史籍中仍然保留了不少有关札撒和箴言的条款，从中可以大体了解它们的内容。例如依据蒙古习惯法，札撒和箴言要求人们尊重长者，成吉思汗就说："到长者处时，长者没有发言时，不应该先发言，长者发言以后，才应该作适当的回答。"

札撒和箴言保护铁木真黄金家族和那颜的统治规范，规定了人们必须留住被指定的千户、百户、十户内，不允许他们转移他处。

如有违犯、迁移的人,都要被处死,而收容的人也都要受到严惩。札撒和箴言要求人们平时应该像牛犊一样驯顺,作战时则应该像扑向野禽的饿鹰。

成吉思汗的札撒和箴言对保护草场和牲畜、生活禁忌等方面做了种种规定,要求全体臣民必须遵照这个命令行事,永远不得违抗。他说:"如果隶属于国君的许多后裔们的权贵、勇士和异密,就是官人,如果不严格遵照法令,国事就将动摇和停顿,他们再想找成吉思汗时,就再也找不到了!"

作为法律的成吉思汗札撒和成吉思汗箴言,在蒙古国建国初期,对于巩固可汗的权利,维护统治阶级利益起到了重要的作用。后来,随着蒙古疆域的扩大,他们渐渐不适应新的需要了。但是,蒙古贵族在大的聚会时诵读大札撒这个形式,仍然被长久地保存下来了。

降服周边各部势力

在蒙古草原的北部和西北部的森林地带，居住着被称为"林木中百姓"的许多部落，主要有居住在贝加尔湖东部的八尔忽、脱俄烈思、豁里、突马等部，居于叶尼塞河上游的斡伊剌部。其中，斡伊剌部首领忽都合别乞曾多次参加反对成吉思汗的联军。

1207年，成吉思汗命令他的长子术赤率领右翼军去征讨"林木中百姓"。当时的兵锋所指，首先是斡伊剌部。斡伊剌部首领无法对抗强大的蒙古军，只好主动投降了。随后，术赤以忽都合别乞为向导，陆续招降了斡伊剌部，以及贝加尔湖周围的不里牙惕、八尔忽、豁里、突马等部。

同年，成吉思汗乘胜利之师，又遣按弹、不兀剌两人为使者，去招降斡伊剌西边的吉立吉斯部。吉立吉斯就是唐代著名的北方强部黠戛斯，曾经和唐朝一起击灭回鹘汗国。

在当时，吉立吉斯已分为许多部，他们的首领叫亦难。成吉思汗的使者一到，斡罗思亦难等吉立吉斯首领便立即表示愿意归降成吉思汗。不久，林木中百姓和吉立吉斯的首领都亲自前来朝见了成吉思汗，并敬献了他们的白海青、白骟马、黑貂等珍贵礼品。

忽都合别乞因为率先归附，他又帮助术赤招降了其他许多部落，成吉思汗特意赐给他和黄金家族联姻的殊荣。

成吉思汗在降服了林木中百姓和吉立吉斯等部之后，他的统治区域向北、向西扩展了许多。

巴阿邻部的豁儿赤因为很早以前就为成吉思汗出过力，他又曾经预言过成吉思汗将做国主。所以在蒙古刚建国时，成吉思汗遵守以前对他许的愿，封豁儿赤做了管理林木中百姓的万户，并答应他，允许他从降服的百姓里选30名美女为妻。豁儿赤就到被降服突马部去挑选美女。然而，此举激起了突马人的愤怒。突马将豁儿赤抓起来，紧接着，突马部公然举起反叛大旗。

为了镇压突马人的起义，成吉思汗命中军万户纳牙阿率军征伐。但是，纳牙阿却推托有病，不愿前往。成吉思汗只好改派了自己的"四杰"之一，大将博尔忽做统帅。

突马人已经做好了迎战的准备，在密林里设下埋伏，布置哨探。博尔忽只带3个人，远离大军先行侦察。突马哨探将这个情况报告给了女首领孛脱灰塔儿浑，她立即指挥突马人截断博尔忽退路，并将博尔忽擒获杀掉了。

得知博尔忽被杀的消息，成吉思汗悲怒交加，他要亲自出征突马部。博尔术、木华黎两人苦苦相劝，成吉思汗这才没有亲自去。这时他改派朵儿边部的朵儿伯多黑申前往，并命令说："你要严整军马，祷告长生天的佑护，一定把突马人消灭掉。"

朵儿伯多黑申率军悄悄地一直摸到突马人住处附近的山顶。他们从山顶瞭望突马的百姓，就像从帐房的天窗看下面一样。顷刻间，浑然不觉的突马人便成了蒙古大军的俘虏。

突马人起义就这样被镇压了，成吉思汗为悼念死去的博尔忽，将100名突马人赐给博尔忽的家属做奴隶。同时，准许豁儿赤重新从突马部中挑选30名美女为妻，将突马部的女首领孛脱灰塔儿浑，赏给忽都合别乞做了妻子。

吉立吉斯与突马部的住地是相邻的，成吉思汗派兵征讨突马部时，命令吉立吉斯协同夹攻，但吉立吉斯人违命不从，还起而反抗。在镇压了突马部之后，成吉思汗派术赤率军进讨吉立吉斯。

吉立吉斯人自然不敌，众人西逃。蒙古军乘胜追击，再降吉立吉斯，并使其西面的帖良兀、客失的迷、失必儿、巴尹吉惕等个个林木中百姓纷纷臣服。成吉思汗将这些林木中百姓授予术赤来管辖。

在成吉思汗建国时，他已经威名四震，西部邻国有的主动归附，有的在强大的蒙古骑兵的进攻下迅速灭亡。在归降的邻国中，畏兀儿是首先归附成吉思汗的。

畏兀儿为唐代回鹘族的后裔。9世纪中叶，回鹘汗国灭亡后，回鹘人分三支，从漠北西迁。后来，畏兀儿早就接受了辽王朝的统治，在1125年辽为金所灭。宋室的耶律大石在西迁中亚后，建立西辽政权，畏兀儿继续接受了西辽的统治。1211年，畏兀儿王曾经遵照成吉思汗的旨令，亲自带着大量财宝到蒙古晋见成吉思汗。成吉思汗将女儿嫁给了畏兀儿王，并让畏兀儿王享有第五子的待遇。从此，畏兀儿归降了成吉思汗，成吉思汗借此打开了通往西方的通道，为他在尔后的西进提供了便利的条件。

1211年，畏兀儿西面的哈剌鲁也降服了成吉思汗。

哈剌鲁就是唐代的葛逻禄，在当时，他们居住在巴尔喀什湖东南的伊犁河和楚河一带，首领是阿尔思兰汗，住在海押立，也就是今天的哈萨克斯坦巴尔喀什湖以东卡帕尔城附近，他们处在西辽的统治之下，西辽当时也派少监驻在这里。哈剌鲁王在得知蒙古势力西进的消息之后，立即派出使者去见成吉思汗，并且自称，他是成吉思汗这位世界征服者的臣仆。成吉思汗告诫他，不要一味地贪恋狩猎，以免成为其他人的猎物，并送给他1000只羊以代替猎物。

降服了哈剌鲁之后，成吉思汗的下一个进攻目标就是西辽了。由于屈出律现在成了西辽国的国王，所以追杀屈出律，就等于向西辽国开战。

跨越帕米尔追剿逃敌

成吉思汗与诸将开始策划追剿蒙古草原上的最后一个逃敌屈出律的作战计划。

最后,成吉思汗决定于 1218 年秋派哲别率两万骑兵先行追剿,其余各路蒙军,除木华黎部继续对金作战之外,各部相机待命,随时准备增援哲别部。

西辽又被称为哈剌契丹国,它是由金灭辽后辽国的皇族耶律大石所建立的契丹贵族流亡政权。

1124 年,耶律大石见金灭辽已成为定局,他觉得大势已去,便率部退到漠北,取得了漠北十八部酋长的支持,企图借此机会,兴复辽朝。

1130 年,金国举军北伐,耶律大石不抵,他攒集兵马向西撤退。耶律大石摆脱了金军追击,西逃到叶迷立,即今新疆额敏,在此构筑城堡,休整人马,准备见机行事。在这个时候,耶律大石拥有的军队为 4 万帐,实力还不算小。

在当时,哈剌汗朝的大可汗对境内的哈剌鲁、康里诸部叛乱一筹莫展,遂遣使节到叶迷立城堡,请耶律大石出兵帮助他镇压叛乱,并表示情愿让位给耶律大石。

耶律大石一听乐得天赐良机，遂倾巢率兵，进入哈剌汗朝的都城虎思斡耳朵，即现在的吉尔吉斯共和国托克马克西南布拉纳吉古城，并收编了早先移居到哈剌汗朝的一万帐契丹人，使其兵力大增。哈剌汗朝的文武百官便尊奉耶律大石为帝，号称天佑皇帝。同时，废哈剌汗朝的大可汗。

耶律大石借机称帝后，开始了接连征战。他先后征服了可失哈耳即今新疆喀什、忽炭即今新疆和田、哈剌鲁、畏兀儿、乃蛮等部，国境南至乃蛮部，北抵金山，东至哈密力，西至花剌子模，成了当时中亚最强盛的国家，史称西辽或后辽。

所谓物极必反，最强盛的国家就是走向衰落的开始。耶律大石死后，统治集团内部的争权夺利，导致国力衰微，与此同时，境内诸部乘机叛乱，脱离了西辽。原先向西辽纳贡称臣的花剌子模国，也乘机大举入侵西辽。

就在这个时候，战败的乃蛮人屈出律一伙辗转逃到西辽首都，投奔了直鲁古皇帝。

屈出律向直鲁古皇帝建议，立即招募四处逃散的乃蛮人为军，就可以帮助西辽镇压境内的叛军，还可以抵御花剌子模军的入侵。

屈出律信誓旦旦地对这位西辽老皇帝表示："我们乃蛮人都国破家亡了，现在散落在海押立、别失八里、叶密立一带。假如您能够允许我去招募乃蛮散兵来这里，我们就愿为您效力。只要您的国家能够收留我们，我们就愿意为您肝脑涂地，帮助您消灭您的敌人。"

直鲁古老皇帝不仅对这位逃难王子屈出律的忠心深信不疑，还将女儿许配于他，招他为驸马。

这下子，屈出律就和当年西辽的创始人耶律大石一样，把乃蛮部和篾儿乞部的残余势力招集到西辽首府，时间不长，就组成一支较为强大的军队。

再也不想过流亡生活的屈出律羽翼已丰，见直鲁古皇帝老朽昏庸，就企图夺取他的帝位，并派人与花剌子模暗中勾结，密谋共同灭掉西辽，瓜分它的国土。

1210年，直鲁古皇帝出兵征讨叛军。屈出律事先与花剌子模约好，乘机举兵。直鲁古分兵击败了屈出律，但他抵挡不住花剌子模军的进攻。花剌子模军在撒麻耳干，即今乌兹别克共和国撒马尔罕的奥斯曼部进行联合，一同作战，攻占了西辽首府虎思斡耳朵。直鲁古皇帝马上从能力所及的各地征兵，经过16日苦战，终于将首都从敌人手中夺回。

但是在瓜分战利品时，他的军队因分赃不均发生冲突，而且还烧杀抢掠自己的百姓。直鲁古再也控制不住局势了。随即，军队又发生了叛乱。

重整旗鼓的屈出律乘虚而入，收编叛军，擒获皇帝，并自称西辽皇帝，但在表面上仍尊称直鲁古皇帝为太上皇。仅仅两年，直鲁古皇帝忧愤而死，西辽于是成为屈出律的天下。

现在，对屈出律来说，乃是一个振兴复仇的好机会。他一直没有忘记蒙古人是如何灭亡乃蛮部的，于是他发愤图强，想方设法巩固西辽。但是，屈出律的西辽政权仍然摆脱不了灭亡的命运。他篡位后倒行逆施，激起了人民的愤慨。他又对进行叛乱的居民实施最为恶毒的征讨：每到秋收的时候，屈出律就发兵征讨，纵火焚烧他们的庄稼，使他们颗粒无收，饿殍遍地。经过三四年这样的征讨和蹂躏，反抗的人们不得不向屈出律屈服。

为了防止再发生叛乱，屈出律下令向每一户人家派驻一名西辽军士兵。

然而，这些西辽的士兵胡作非为，给当地人埋下了更为仇恨的火种。屈出律又继续发兵征讨其他反抗的地方，强迫当地人放弃宗教信仰。屈出律下令将原来的宗教领袖钉死在十字架上。致使当地的宗教教徒对屈出律恨入骨髓。

屈出律兴兵征讨那些不改信别教的哈剌鲁脱黑鲁儿汗。脱黑鲁儿汗大敌当前，难以抵挡，只好去找屈出律的死对头成吉思汗，并向成吉思汗详细地汇报了有关西辽和屈出律的各方面情况。

成吉思汗自从杀死太阳汗，灭掉乃蛮部后，与屈出律的仇恨虽不及与王罕的3个儿子那样强烈，但他还是在担心屈出律利用西辽的力量来复仇。

成吉思汗也不能容忍屈出律欺负已经臣服自己的大蒙古国的哈剌鲁部。他命令哲别加紧备战，务必于1218年秋开始征讨西辽的军事行动，彻底追杀屈出律。

秋天正是秋高马肥的季节，蒙古骑兵常在这个季节出征。1218年秋天，哲别奉命率两万精骑进入哈剌鲁部境内。速不台、忽必烈、术赤台三将率兵进驻乃蛮部和畏兀儿部境，在那里相机增援。

屈出律刚一听说哲别率蒙古骑兵来了，吓得魂不附体，马上下令停止围攻阿力麻里城，仓皇退逃。

哲别哪肯放过作恶多端的屈出律，他率部跟踪追击，沿途宣传蒙古军保障宗教信仰自由的政策。蒙军骑兵一心追杀屈出律，对当地的百姓秋毫无犯。

在蒙古军的支持下，脱黑鲁儿汗的儿子昔格纳黑的斤继承了汗位，马上着手在阿力麻里恢复秩序，然后归附蒙古。同时，被屈出律蹂躏的百姓收回庄稼，杀死了驻在家中的西辽士兵，像盼望救星一样欢迎这些蒙古骑兵的到来。

由于蒙古军宣布对当地百姓爱戴有加,又允许他们宗教信仰的自由,因此深得当地人民的欢迎。大将哲别一路上没遇到任何抵抗,顺利从哈剌鲁部进抵西辽首府虎思斡耳朵城下。

守城的契丹族士兵早就恨透乃蛮人屈出律的倒行逆施,立刻打开城门,迎请哲别进城。

此时,屈出律带着由乃蛮部和篾儿乞部残余势力组成的嫡系部队,仓皇逃出虎思斡耳朵。哲别立即换乘快马,兵分三路,对屈出律实施远程平行追击,终于将其截获,几乎杀光了所有的人,但狡猾至极的屈出律又逃掉了。哲别组织轻骑兵继续快速追杀屈出律,他的主力部队则分兵西辽各地。

惊慌失措的屈出律,吓得逃到喀什噶尔,喘息未定,听说有轻骑追来,慌忙继续西逃。

屈出律还打算像以前那样,潜入穆思塔山脉的深山老林中销声匿迹,以躲过蒙古骑兵不停地追杀。

但是,哲别的轻骑部队快如闪电,他们在恨透了屈出律的当地人的指引下,迅速追进了茫茫的穆思塔山。

穆思塔山的主峰海拔7860米,这里可以俯瞰整个帕米尔高原。每座山峰都陡峭异常,冰川耸立,幽谷旷野渺无人烟。

气喘吁吁的屈出律爬上了海拔3000米的撒里黑山谷,他自以为摆脱了蒙古骑兵的追击,心里才有了少许放松。

然而,就在这时,蒙古骑兵突然出现在撒里黑山谷。这个撒里黑山谷只有进口,没有出口,吓破了胆的屈出律像无头苍蝇一样撞到了绝路。

蒙古骑兵旋风般追来,刀光闪耀中,屈出律被削为两段,他的部下统统做了刀下鬼。

哲别在西辽挑选了1000匹与成吉思汗的坐骑一模一样的栗色战马，连同屈出律的头颅，一并献给了成吉思汗。

现在，成吉思汗在蒙古草原上的最后一个敌人被消灭了，剩下来的，都是草原以外的敌人。

这时的西辽，也并入大蒙古帝国的版图，蒙古的西部边界开始与另一个中亚强国花剌子模接壤。

一场狼烟又将升起来了。

蒙古军进攻西夏

作为大蒙古国的开国皇帝，成吉思汗与世界上所有的帝王一样，认为自己是世界的领导者，世界各国都应以他为轴心而转动。他曾说："上天使我建立了世界上独一无二的最强大的政权，我之上只有一顶帽子。"他的第一个目标是进攻西夏国。

提起西夏建国的历史，那是源远流长的，历史非常久远。西夏国的始祖拓跋思恭，原来是朔方党项部落的后代。唐朝末年黄巢起义，引发战乱，拓跋思恭率领军队支援唐朝，因为作战有功，被唐朝封赏为夏国公的官职，因为皇帝姓李，皇帝让他改姓李，作为荣耀的本家，世世代代都把西夏国称为夏州，位于蒙古国的南部边境。

西夏国的王位传到党项族首领李继迁之孙、杰出的军事家元昊的时候，占据的地域逐渐宽广。西夏国因为学习汉民族的经济文化而成为一个半农半牧的城池之国，手工业也较为发达，能织毡、造兵器和陶瓷等，尤其是用骆驼毛织成的毡毯被西欧人马可波罗誉为世界上最精美之物。

西夏拥有22个州，即今宁夏回族自治区全部，今甘肃的大部，陕西、新疆及青海、内蒙古自治区的一部分。西夏的首都设在兴庆府,即今银川。

成吉思汗在发动攻西夏战争之前,便对西夏的情况有比较详细的了解。他特别看重西夏的战略地理位置,是准备攻击的主要目标金国的屏障,是蒙古军将来进攻金国的练兵场和前进基地,又是历史上丝绸之路经过的主要地段,是当时克烈部、乃蛮部及畏兀儿商人进行贸易的极好市场。

所以成吉思汗思前想后,一定要带着军队去征服这个国家,期望能收到一举多得的功效。

但是,摆在成吉思汗面前有两个难题还暂时无法解决。一是出师无名,于理不顺;二是西夏不同于游牧部落,城池坚固,攻之无方。

正在成吉思汗犯愁之时,已归附他的篾儿乞部长的孙女忽阑来拜见成吉思汗,说:"大汗不是为出兵西夏犯愁吗?从前克烈部长王罕之叔局儿罕曾在西夏避过难,王罕之子桑昆也曾在西夏境内逗留过,您就可以以此为理由兴师征讨。"她这一条建议把成吉思汗的第一个难题给解开了。

不久,成吉思汗大将木华黎来见,面奏说:"大汗还记得攻打塔塔尔两个土寨的事吧,我们一面火攻一面厮杀,不是很快就把寨子攻破了吗?"

木华黎对这一段历史的回顾,又启发了成吉思汗,使他第二个难题也解开了。

成吉思汗先后数次征伐西夏。第一次是在成吉思汗即位前的1205年,克烈部的桑昆兵败而逃,进入西夏寻求庇护,成吉思汗派兵追剿。

西夏主虽然派军抵抗,但不敌蒙古军,被蒙古军攻占力吉里、落思等城堡,掳掠了大量财物、骆驼。

夏主李纯枯被迫称臣纳贡,放桑昆逃往花刺子模国。但第二年,李安全登基,断绝了与大蒙古国的贡赐关系,继续投靠金国,请求给予帮助。因此,成吉思汗决定第二次征伐西夏。

1207年秋,成吉思汗亲率大军,派哲别为先锋,深入西夏腹地,经黑水城,直奔东西交通要城兀剌海。

但是,西夏军民恃城坚守,蒙古军缺乏攻城经验,围城40余日而不下。成吉思汗决定用火攻。他向守城官吏提出,假如城中交出1000只猫和鸽子,蒙古军就解围撤兵。对这一奇特的要求,敌将觉得惊奇。

他们万万没有想到,蒙古军在这些猫和鸽子尾上拴了浇透油的麻絮,点火齐放,惊恐的猫和鸽子惊叫着回到自己的家里和巢中,引起城中大火。

与此同时,蒙古军发起了总攻,终于攻破城池。夏主李纯枯在蒙古军的压力下,相拒了5个月,最后无力抵抗,遣使求和,将女儿献给成吉思汗,并送了大量金银财宝和骆驼,请求归附。

自从1207年夏主李纯枯表示臣服后,暗中却仍与金国联系,所以成吉思汗决定南下征讨。

蒙古军仍从黑水城入境,直袭兀剌海城。夏主李纯枯派世子李承桢为主帅,大都督高令公为副帅,领5万大军进行抵抗,但未能抵住蒙古军强大的攻势。城破后,副帅高令公被俘不屈被杀。

蒙古军一部攻破兀剌海城,与守军展开激战,俘获西夏太傅西壁氏。成吉思汗率蒙古主力,长驱直入西夏都城中兴府。

在中兴府外围要冲克夷门,即今宁夏石嘴山市东北,在那里与西夏军大将嵬名令公统率的5万兵展开激烈战斗,双方对峙两个月。

成吉思汗乘西夏军小胜斗志松懈之际，埋伏精兵，大败夏军，俘获嵬名令公，破克夷门，旋进围中兴府。夏襄宗亲督将士，凭坚城死守不降。

成吉思汗见黄河水暴涨，便命令军队引水灌城，淹死城内军民无数。后来外堤决口，黄河水倒淹蒙古军。

成吉思汗自知难以长久立足，遂改变策略，派使者入城谈判，迫使夏襄宗纳女请和，并答应每年向蒙古纳贡。这样西夏便在名义上臣服了蒙古。

在蒙古降服西夏后的七八年间内，成吉思汗一直把西夏当作蒙古国的附庸。西夏在经济上年年纳贡，军事上经常奉调军队参加攻金作战，政治上俯首听命，与金国的关系也恶化了。

这种被奴役的地位和为蒙古疲于奔命的状况，促使西夏宫廷内的反蒙势力愈来愈大，西夏与蒙古的关系也由驯顺到疏远，逐渐发展到抗争。

1217年成吉思汗要征调西夏军随从蒙古军西征时，遭到西夏的拒绝。更令他生气的是，西夏使臣胆敢藐视蒙古大汗，声言"力既不足，何必为汗"，他派大将木华黎率领蒙古军，第四次进攻西夏，给西夏以惩罚性重击。

木华黎长驱直入，包围夏都中兴府。夏神宗率精兵突出重围，逃奔西凉府，遣使乞降。成吉思汗认为西夏是不能移动的游牧国家，再过几年攻之也不为迟，所以下令撤军，以便集中主力进军中亚、西亚和欧洲。

1223年冬，西夏新即位的夏献宗德旺，改变其父夏神宗附蒙攻金的政策，于1224年与金国达成和议，称"兄弟之国"。

夏献宗还派使者到漠北去联络被成吉思汗吞并的诸部残余势力，共同抗击蒙古军。

这时，成吉思汗正在西域作战，得到攻金大将孛鲁的报告，方知西夏阴蓄异谋，密令孛鲁伺机征讨，再给西夏以惩罚性打击。

1224年秋，孛鲁及大将刘黑马率蒙古军第五次进攻西夏。蒙古军攻克银州，杀死西夏军数万人，俘其大将塔海，掳掠人口及牛羊马驼等数十万。

夏献宗遭此打击，只得遣使乞降请罪，方使蒙古军退去。

攻占金国的中都

　　成吉思汗在蒙古草原上创立了中国历史上又一个强大的游牧民族政权。方兴未艾的蒙古军事力量，在蒙古国建立之初，便在征讨西部邻国的同时，急不可待地南下，直指富足的定居民族金朝。

　　金朝是中国历史上以女真为主体建立的王朝，先建都会宁府，即今黑龙江阿城南白城镇，后迁都燕京，今北京，其创建者是金太祖完颜阿骨打。

　　女真族的祖先很早就生活在长白山和黑龙江流域。五代时，女真之名始见于史籍，并受契丹所统治。女真完颜部为首的部落联盟建立后，很快统一了女真各部。

　　此后，女真族的发展进入一个新的时期。1114年农历九月，女真族领袖完颜阿骨打率部誓师于涞流河畔，即今黑龙江与吉林省间拉林河，向辽朝的契丹统治者宣战。他在取得宁江大捷和出河店之战胜利后，于1115年称帝建国，国号大金，年号收国。

　　金朝建立后，在护步答冈会战中大败辽军，随后展开以辽五京为战略目标的灭辽之战。攻取五京的前后步骤是东京，今辽宁辽阳、上京，今内蒙古巴林左旗南、中京，今内蒙古宁城西大名城、西京，今山西大同、南京，今北京。五京一下，辽朝随即灭亡。金灭辽后，与北宋遂成敌国。金太宗完颜晟即位后，挟灭辽之威，很快席卷而南，于1127年灭亡北宋。以后金与南宋多次交兵，南攻与北伐，均无力改变南北对峙的局面。

金在与南宋、西夏并立期间，迫使西夏臣附、南宋屈辱求和，始终维持其霸主地位。

中原上邦，蒙古各部都向其纳贡称臣。为了摆脱屈辱的臣属地位，踏进中原大地，成吉思汗决定向金国宣战。

对于蒙古牧民来说，这是一场非同小可的大规模战争，因为，金国当时统治着除甘肃省和河套平原以外的整个黄河流域，是当时最强大的王国之一。

金国的主人，那些昔日的女真人，尽管已被中原同化，但他们在中原土地上，仍保留着他们的祖先通古斯森林狩猎民族所特有的骁勇善战的特点。

此外，金人在中原土地上生活已有一个世纪之久，因而拥有中国古老的文明所创造的一切财富。

在这种情况下，蒙古牧民同金人作战，更艰难。他们将要对付防守坚固的要塞，而进行这种攻坚战，他们根本没有经验也没有足够的条件。

金国边境还有万里长城，长城脚下修筑有许多防御据点，这条长城从西向东，构成了金国的一条连贯的防线。

成吉思汗为了攻打金国，首先设法取得了居住在长城北侧的汪古惕人的帮助，从而得到了宝贵的盟友。

汪古惕地面的自然条件可以使蒙古人感到就像在自己的家乡一样自在，毫无身处异域之感。这里没有树木，到处是一望无际的草原。

成吉思汗早就同此地的主人突厥汪古惕人建立了联系。

汪古惕部的首领阿剌忽石帖勤忽里在1204年曾有大功于成吉思汗。当时他曾拒绝参加乃蛮人策划的反对成吉思汗的联盟。

为了酬谢他立下的这一大功，成吉思汗曾在1206年举行的即位大典上封他为蒙古帝国的达官贵人之一，还把自己的亲生女儿阿剌孩别乞讨许配给阿剌忽石帖勤忽里的继承人之一为妻。

这是成吉思汗王室同汪古惕部王室间的首次联姻，后来，在整个3世纪中，两家又数次联姻。

汪古惕部所据地盘在地理上处于非常重要的地位。而且，汪古惕部同金国早有契约关系，是中原长城的守卫者，是金国部署在长城外侧的哨兵。

把汪古惕部笼络到手，成吉思汗就等于在战争开始以前就摧垮了敌人的前线防御，不费一刀一箭就把其帝国的势力扩展到了对方最重要的防线长城的脚下。

多年的战争实践使成吉思汗深深懂得知己知彼的重要性，并养成了每战必先察敌情的良好习惯。

在发动攻金战争之前，他就特别注意利用来往于蒙、金之间的使节、官员、商人等，了解和收集金国情报。在他与王罕结盟期间，金国向王罕派出了一员使节，名叫耶律阿海。

成吉思汗探听到这位金国的使节，并不忠于金国皇帝，因此主动去找耶律阿海面谈。

两人谈话十分投机，耶律阿海告诉成吉思汗说："金国亡日可待，本人愿意做蒙古进攻金国的内应。"成吉思汗为得到这样一个深知金国内情的人极为高兴。

在攻金战争发起之前，成吉思汗即把耶律阿海留在自己身边，参与机谋，出入战阵。

他手下有个叫札八儿的亲信，是同饮班朱尼湖水的功臣，为人十分精明，记性特好。

成吉思汗派札八儿出使金国，进一步核实和补充了耶律阿海等人提供的金国情报，还特地收集了进出金国北境的道路、山川、险隘等军事地理情况，为后来成吉思汗确定进军的路线、选择攻金的突破口积累了第一手资料。

1211年春，成吉思汗誓师克鲁伦河，祷告天地，亲统大军，只留下脱忽察儿领两千余骑士留守本土，踏上了南征之路。

蒙古军几乎是全部出动，兵分3路，中路军由成吉思汗亲自率领，是蒙古军的主力部队，他们三月出发，至阴山汪古惕部驻地，休兵避暑。

七月沿抚州，经宣德府，向居庸关进军；东路由阿勒赤那颜、速不额台率领，经辽东，攻桓州；西路派术赤等四子攻打西京。

成吉思汗派哲别迂回乌沙堡，袭击乌月营守军，蒙古军大胜。乌月营失守，乌沙堡失去防御作用，金军败退，乌沙堡被蒙古军占领。乌沙堡守将千家奴被金廷免职。

乌沙堡战役的胜利，使蒙古军士气大振，他们乘胜追击金军，大破金军于宣平附近的会河堡，金军守将完颜胡沙只身逃奔宣德。

西路军进围西京，西京留守名叫胡沙虎，另一将领是抹捻尽忠。胡沙虎听说蒙古军要来，十分害怕，率所部7000人弃城东走，想回中都，途中遇到蒙古军，胡沙虎只身逃往中都。

另一守将抹捻尽忠独自坚守西京，因城坚固，蒙古军久攻不下，抹捻尽忠因此而立功。

西路军返身扫荡河北各地，蒙古军所至，金军望风而降，唯西京没有攻下。

东路军于七月攻下桓州，紧接着攻下大水泺，然后向临潢府推进。

成吉思汗的中路主力乘胜追击，攻占宣德府，攻打居庸关。居庸关是进入中都的咽喉要塞，因而金军防守严密，蒙古军久攻不下。

蒙古军先锋将领哲别采取佯败诱敌战术，先将大部分兵马撤离关前，只留少数老弱残兵在城下百般辱骂，以激怒金军，金军出击则败走，并遗弃各种物品，给金军造成蒙古军因久攻不下无力再战、准备撤军的假象，诱使金军出关进击。

金军中计，出兵追至鸡鸣山，哲别见时机已到，突然引军回身反击。蒙古军骁勇善战，战马驰突，刀箭齐下，金军不敌，其精锐部队全部被蒙古军歼灭。

蒙古军大获全胜，成吉思汗随之入关，驻跸龙虎台即今北京南口附近，准备攻取中都。但中都城高墙厚，金主又调外军入卫，防守非常坚固，因此哲别将军无功而退。

1212年，成吉思汗第二次兴兵南下，进军的路线与上年基本相同。蒙古军连续攻破昌、桓、抚州，攻陷宣德州、德兴府，再围西京城。

金帝派元帅左都监奥屯襄率师来援，成吉思汗诱敌至密谷口，金援兵全被歼灭。西京城下，蒙古军尽力围攻，金兵坚守不懈，成吉思汗中流矢受伤，只好撤围。

正当成吉思汗的大军在金国边境停滞不前时，发生了一件有利于成吉思汗的政治事件。

原来在金人占领北京以前两个世纪，北京被另一个少数民族契丹人占领着。

契丹人统治北京达两个世纪，接着，金王的祖先从他们手中夺取了北京。金人和契丹人属于两个民族，金人属于通古斯——满语族,是今满族的前身,而契丹人则主要属于蒙古族,老家在今辽阳地区,契丹人虽然失去了北京的统治权,但3个世纪以来他们一直住在中原土地上。

所以与成吉思汗的臣民们相反,他们几乎完全被中原同化了。但他们怀念昔日的光荣历史,一直想向战胜他们的金王复仇。

果然,1212年春,契丹人的亲王之一耶律留哥带头发起暴乱叛离金王,集合手下的契丹人前来投靠了蒙古人。

成吉思汗不失时机地利用刚发生的这一事件,派大将哲别率领一支军队去攻辽阳。

但辽阳城防坚固,哲别首战失利。于是,哲别佯装败退,且战且退,同时设埋伏于辽阳城附近。退了一段路程以后,哲别突然回转马头,挥军反击,进行奇袭并占领了辽阳城。

这样,耶律留哥就在蒙古人的支持下宣布称契丹王,充当成吉思汗的附庸。

经过为时两年之久的坚持战斗,成吉思汗在1213年终于取得了决定性的胜利。

蒙古军队的胜利在北京宫廷内部产生了强烈反响。

1213年农历八月至九月,金国内一名将领胡沙虎弑其君金王卫绍,改立王室的另一成员为君,即宣宗。

成吉思汗立即抓住金国宫廷发生政变和混乱的良机,在同年秋天大举入侵金国,一直攻到金国的中心。他把军队分成左中右3路,3路大军一齐杀奔而来。

成吉思汗与其第四子拖雷率领中路军,主要目标是华北大平原。

当时,部下纷纷要求攻入北京城。但成吉思汗头脑十分清醒冷静,拒绝了这一提议,因为他认为,北京城城防坚固,蒙古军队还没有足够的装备足以使他们攻下这座城。

成吉思汗决定只派一些部队围住北京，而他自己则率领大军继续南进。

1214年，成吉思汗的3支大军在北京会师。他手下的将领们又纷纷要求攻下北京城，他又一次拒绝了这一主张。

这是因为，成吉思汗比他的这些将领们更了解蒙古军队攻城技术的不足之处。

同这些将领的主张相反，成吉思汗却派了一名使节前往北京城内向金王提议媾和。

实际上，金王是不能抱和平幻想的，因为，以高昂的代价换来的和平，在当时只不过是一种暂时的休战。

蒙古军队已经积累了攻破万里长城及其附近防御据点的经验，因而他们随时都会挥师重来：北京离蒙古草原太近了。

金王便以"国蹙兵弱，财用匮乏，不能守中都"为理由，提出将首都迁往南京开封府，以此躲避蒙古军的锋锐，苟且偷安。

此议一出，举朝震惊，不少人极力反对。

左丞相徒单镒说："皇帝一离开首都，北方诸路势必落入敌人之手。现在已经与蒙古议和，我们聚蓄粮草，征调军队，固守首都，这是上策。南京毗邻南宋，四面受兵，并不安全。如果说一定要撤退的话，退到南京还不如退回辽东，那里是女真人的根本之地，依山背海，我们凭借险要只需防御一面的敌人，这样可以远图大事。"

徒单镒的建议不失为一种十分稳妥的计划，但宣宗仍不思振作，只顾眼前，不顾大家的反对，仍然决议南迁，并以此诏告全国。

1214年阴历五月，宣宗任完颜承晖为尚书右丞相，抹捻尽忠为左副元帅，辅佐太子完颜守忠留守中都，宣宗自己率百官家眷起程南下。

成吉思汗得到消息，立即决定发兵再入金境将中都包围。

1215年阴历正月，收降金国右副元帅蒲察，使中都城陷于孤立境地。

1215年五月，石抹明安攻占了中都城。蒙古军围攻中都的同时，成吉思汗派木华黎经辽西东下齐鲁。

十月，至高州，金守将卢琮、金朴投降。至成州，金锦州兵马提控张鲸杀死金廷节度使，遣使投降。

1215年二月，进攻大定府，金元帅寅答虎、乌古伦投降。同月，金兴中府吏民杀死守城官吏，投降木华黎。

蒙古军攻取中都后，河北诸城多降，成吉思汗传谕金宣宗：命他将山东、河北未下的诸城奉献，令他除去帝号，改称"河南王"，但金主不从。

1216年春，成吉思汗返回克鲁伦行营。八月，封木华黎为"太师国王"，赐金印，建白旄，传谕蒙古众将："木华黎建此旗以出号令，如朕亲临"，把征战中原的全权交给了木华黎。

1217年，成吉思汗在漠北图拉河畔，对从军多年的将士论功行赏，同时改编部队，这时封木华黎为国王。

成吉思汗说："太行以北，联亲自治理。太行以南由你治理。"

准备征战花剌子模

1218年，成吉思汗派遣大将哲别征讨西辽。西辽境土为成吉思汗所有，西辽的旧辖地东至哈密，西至花剌子模，北及巴尔喀什湖南，南抵和田地区。这样，蒙古就与伊斯兰教世界成为邻人，蒙古骑士西进，与西辽旧境西边接壤的伊斯兰大国花剌子模，便成为首当其冲的目标。

花剌子模是亚细亚阿姆河下游的一个古老国家，是古代的"昭武九姓"国之一，过去也叫"忽似密"、"火寻"、"货利习弥"、"火辞弥"，花剌子模是后来的译音。

蒙古人则称这个国家为"撒儿塔勒"，意思是经商，这是因为那里的人们多精于商业的缘故。

花剌子模的都城在玉龙杰赤，即今天的土库曼斯坦库尼亚乌尔根奇。

8世纪时，花剌子模被阿拉伯人征服，10世纪受萨曼王朝的统治，11世纪隶属于伽色尼王朝，11世纪中期又被塞尔柱突厥人建立的塞尔柱帝国征服。

1200年，花剌子模国王摩诃末即位，他率军南征北战，征服了许多国家和地区，国势强盛起来。1208年，他杀死西辽使臣，攻入西辽国。由此，进入花剌子模的全盛时期。

摩诃末差不多与成吉思汗同时兴起，他也和成吉思汗一样企图征服世界。他曾计划侵入富庶的中原，但是这时从中原传来了成吉思汗攻打金朝的消息。

为了探听确切的情况，1215年摩诃末派遣花剌子模使团，来到蒙古人刚刚占领的中都。

成吉思汗在营地接待了使团，让他们回去转告摩诃末："我是东方的统治者，摩诃末是西方的统治者，双方应当友好，让商人自由往来。"

成吉思汗对与中亚的贸易十分重视，他称双方的贸易通道为"黄金绳索"。当他控制了中原北方和西部广大地区之后，即在各条通道上设置守卫，保障通道的畅通和往来人们的安全。

成吉思汗甚至还颁布了一条札撒："凡进入他的国土内的商人，应一律发给其凭证，而值得汗受纳的货物，应连同物主一起遣送给汗。"

因为蒙古人是游牧民，没有城镇，他们缺乏衣物等手工业品，所以同蒙古人做买卖实是有厚利可图。

大约在巴哈丁·剌只的使团东来的同时，有3个花剌子模商人带着缕金丝织物和棉织物动身到蒙古来。

在边境上守卫看中了这些货物，便把他们送到成吉思汗那里。其中一个商人在成吉思汗面前摆出他的货物，凡是值10个或20几个底纳儿的东西，他竟索价要3个金巴里失。

成吉思汗对他的欺骗非常生气，他发怒道："这个人以为我们这里从来没有过织物!"

于是他命人带着他到府库中去,让他看里面收藏的各种贵重织物,然后又没收了他的货物,把他扣留了起来。接着,成吉思汗把另外两个商人召来,问他们的货物的价钱。

这两个商人被同伴的遭遇吓坏了,尽管再三追问货物的价钱,他们都不肯回答,只是说:"我们只是奉国王之命,把这些东西奉献给汗的。"

成吉思汗对他们的话感到很高兴,便下令尽数买下他们的货物。他又下令放出那个被扣留的商人,对没收的货物也给了同样的价钱。

后来,摩诃末蓄意挑起冲突。1217年速别额台奉命追击篾儿乞残部,在楚河击败他们。1218年正准备胜利回师时,摩诃末率军队追踪蒙古军,一直追到谦河。

速别额台前去劝说:"成吉思汗命令我们,若遇见花剌子模军队,要友好相待,将缴获的物品犒劳贵军,希望双方不要交战。"

但摩诃末自恃兵多,无理地回答说:"成吉思汗虽命你不要攻击我,但上帝命我攻击你们!"

于是,摩诃末率军攻打蒙古军。蒙古军被迫迎战,向摩诃末的中军突击。不可一世的摩诃末没有想到,蒙古军士是那样英勇善战,他险些被俘,得到其子的救护才得以脱险。

更严重的是,摩诃末违反国家交往的惯例,斩杀大蒙古国使臣和大批商队成员。

在1218年,成吉思汗根据两国间的通商协议,派出450人组成的商队,由500峰骆驼驮运商品,其中有金银、丝绸、驼毛织品、海狸皮、貂皮等贵重物品,去花剌子模国。

成吉思汗给摩诃末致信说:

你邦的商人已至我处,今将他们遣归。情况你将获悉。我们也派出一支商队,随他们前去你邦,以购买你方的珍宝。从今以后,我们应使荒废的道路平安开放,使商人们可以安全和无约束地来往。

不久以后,蒙古的商队也从草原起程,向花剌子模进发。商队走到锡尔河上的讹答剌城,发生了一件意外的事变。

讹答剌守将哈只儿汗自作主张,杀死了商人,夺取了财物。只有一名商队的骆驼夫幸免于难,逃回蒙古立即向成吉思汗报告了同伴们的不幸遭遇。

花剌子模这种杀人夺货的敌对行为使成吉思汗再也无法忍受,听到这一消息后他无论如何也平静不下来,悲愤的眼泪夺眶而出,万丈怒火使他暴跳如雷。

成吉思汗独自登上一个山头,摘去帽子,以脸朝地,跪在地上绝食祈祷了3天3夜,说:"我不是这场灾祸的挑起者,赐我力量去复仇吧!"然后他走下山来,策划行动,准备战争。

但在进军花剌子模之前,他却再次派一个伊斯兰人和两个蒙古人为使者向摩诃末询问商队被杀的真相,说:"您曾与我约定,保证不虐待我国任何商人。结果却杀死了几百名商人,违背誓约,枉为一国之主。假如讹答剌杀害商人之事,不是您的命令,请您把守将交给我,听我惩罚,否则就请您备战。"

面对着成吉思汗进攻的威胁,摩诃末也曾想把哈只儿汗献给成吉思汗,但由于他本人并没有及时制止这一事件,负有不可推卸的责任;又因为哈只儿汗是花剌子模的母族,又是手中握有重兵的大将,摩诃末无力控制,因此拒绝了成吉思汗的要求。

同时,摩诃末为了表示自己不失为一个大国君主,干脆一不做、二不休,杀掉了蒙古的正使,剃掉了两个副使的胡须,然后放他们回去给成吉思汗复命。

伊斯兰教徒将胡须当作权利的象征,犹如生命一样重要。因此他们在与人赌誓时常说"用胡子担保",被人割掉胡子是奇耻大辱。

摩诃末如此侮辱成吉思汗的使者,这纯粹是向成吉思汗示威挑衅,是进行挑战!把复仇行动当作光荣和勇敢的成吉思汗君臣们,坚决不能不声不响地咽下这不能忍受的侮辱。

使者回来报告了事情的始末,成吉思汗知道用和平方式已不能解决争端,决定西征花剌子模,兴师问罪。他首先召集忽里勒台,进行战事动员,部署任务。

成吉思汗从与花剌子模商人接触到与摩诃末互定和平通商条约谈起,讲述了蒙古国的商队成员被害,再派使者问罪,杀正使、剃掉两位副使胡须的经过。

他说:"我已下定决心,要亲自率军西征花剌子模,以牙还牙,以眼还眼!"

听了成吉思汗的决定,在座的各位将军大臣一致同意。

在成吉思汗的一生中,对花剌子模的战争是一个新阶段的开始。在对花剌子模的战争开始以前,他几乎还没有走出蒙古的范围,因为他曾前往征战的北京地区在当时还是蒙古草原的延伸。现在,他将进入伊斯兰教盛行的土地,进入一个未知的世界。统治着突厥斯坦、阿富汗和波斯的花剌子模帝国的势力似乎是很强大的。

一切安排就绪,临行前,成吉思汗降旨说:

合萨尔的子孙中报一名继承人,合赤温的子孙中报一名继承人,铁木格的子孙中报一名继承人,别勒古台的子孙中报一名继承人,我的儿子中将来由窝阔台继承汗位。我所下达的旨令,永远不许更改和撕毁!

西征花剌子模之前,成吉思汗决定在全国进行战争总动员,在人员、战争物资以及舆论上尽可能做好准备。

一场震撼世界的战争就由此引发了。

数路大军同时进攻

1219年春，成吉思汗召开丁忽里台，做西征花剌子模前的各种准备。他令小弟弟斡赤斤留守蒙古草原，对将要随他出征的诸子及万户长、千户长、百户长进行了任命和分派。这一年，成吉思汗已经58岁了。

出征的军队约有20余万人，由于成吉思汗此时已经取得对金朝战争的初步胜利，所以在西征军队中吸收了一大批汉人、契丹人、女真人，他们中有不少炮军和军匠，这对于蒙古军的装备、技艺方面的提高，都有很重要的作用。

此外，军队里也有一些中亚的回回商人，他们熟知中亚的交通地理和花剌子模的内部情况，有利于成吉思汗的正确的军事指挥。

征讨花剌子模的蒙古大军继续西行，一路上，先已归附的畏兀儿、哈剌鲁等部首领都带兵加入了西征军队。

在经过天池穿越阴山时，凿石架设了48座桥。接着行经阿力麻里，西辽旧都，秋天抵达花剌子模边境城市讹答剌。

在讹答剌城下，成吉思汗将兵分为4路：一路由察合台、窝阔台进攻讹答剌。一路由术赤指挥扑向毡的今哈萨克斯坦克孜尔奥尔

世界名人传记文库 | 145

达东南。一路以阿剌黑为统帅取别纳客芯即今乌兹别克斯坦塔什干南、忽毡今塔吉克斯坦列宁纳巴德。一路是成吉思汗和拖雷率领的蒙古军主力，直趋不花剌即今乌兹别克斯坦布哈拉。

花剌子模方面，拥有40余万军队，经济实力也相当雄厚。因此，蒙古军队虽然剽悍善战。但在数量上毕竟处于劣势，况且是远程奔袭，各种供给难以保障。但花剌子模据地迎战，以逸待劳，也自有他们的优势。

摩诃末知道讹答剌是蒙古军首先重点进攻的目标，特意加强了那里的守卫力量。

摩诃末拨给亦纳勒出黑5万人，另派哈剌察率领一万骑兵进行援助，同时加固了讹答剌的城池，储备了大量军用物资。

正当亦纳勒出黑决心固守的时候，蒙古军杀到了讹答剌城下。

战斗进行了5个月，当讹答剌人抵挡不住蒙古军的凶猛进攻，处于绝境之中时，哈剌察向亦纳勒出黑提议投降。

但亦纳勒出黑无法指望蒙古人饶他不死，因此拒绝了这个提议。哈剌察劝说不动亦纳勒出黑，就乘着夜色私自出城突围，结果被蒙古军俘获。

蒙古军把哈剌察连同他手下的将官带到察合台和窝阔台处。哈剌察表示愿意归顺成吉思汗。

察合台和窝阔台说："你们不忠于自己的主子，因此我们也不指望你们的效忠。"

于是他们下令将这些花剌子模将士全都处死。

随后蒙古军攻下了讹答剌城，把城里的百姓像绵羊一般全部赶到城外，进行了洗劫。

讹答剌的内堡和外城都被夷为平地，刀下余生的工匠和百姓被掳走，充当蒙古军的"哈沙儿"队，参加进攻其他城市。

按照已定分兵计划，术赤率领第二路军循锡尔河下游进军。蒙古军一路上攻城夺堡，首先抵达昔格纳黑城即今哈萨克斯坦契伊利东南。术赤先派遣哈散哈只带领使团入城，去告诫城内居民不要抵抗以保全性命。

哈散哈只原为回商人，在到蒙古地方进行贸易时，曾与处在艰难境地的成吉思汗在班朱尼湖相遇，以后便加入了成吉思汗争霸的行列里来。

因为哈散哈只是花剌子模人的同胞，与当地居民相熟，所以被术赤委以这项重任。

哈散哈只进入城后，还没有来得及向居民们传达使命，一群流氓恶棍就以为国君立功为由，喧嚷起来，他们高呼"安拉万岁"，一拥而上，把他杀死。

术赤大怒，下令军队昼夜不停地轮番进攻。7天之后，昔格纳黑陷落，蒙古人为了给哈散哈只复仇关闭了赦免、宽容的大门，将所有的人全部杀死。

术赤率军继续前进，途中分别占领了讹迹邗、巴耳赤邗城，那里的百姓没有进行大规模的抵抗，因而免于蒙古军的大屠杀。

蒙古军逼近了毡的，毡的守将忽都鲁汗被蒙古军攻无不克的威势吓得魂飞丧胆，在晚上转身就跑，登上旅途，渡河后横越沙漠，赴花剌子模去了。

术赤得知忽都鲁汗及其军队逃跑的消息后，就派一个叫成帖木儿的人带领使团入城劝降。成帖木儿平安返回驻地，向术赤报告了此行的遭遇及城内的情况，他认为城内居民软弱无能，意见分歧，可以轻易地攻占这座城市。

于是，术赤下令做攻城的准备，军士紧张地填塞城壕，架设撞城器、投石机和云梯。

蒙古军做好准备，将云梯架上城头开始进攻了。这时城中的居民才投入战斗，毫无战斗经验的居民发动了一架投石机，将一块巨石射出，可是巨石并没有飞向敌人，而是垂直地飞入云霄，最后落回发射它的地方，将投石机上的铁环砸得粉碎。

　　转眼间蒙古军已从四面八方爬上了城墙，打开城门，占领了这座城市。因为城内居民还是没有反抗，所以在战斗中双方无一人伤亡。

　　进攻锡尔河上游地区的第三路蒙古军5000人，由阿剌黑率领来到别纳客忒。

　　该城守将亦勒格秃灭里指挥突厥、康里军队同蒙古军激战了3天，尽管他们使蒙古军的进攻毫无进展，不过还是感到抵抗极其困难。不待城破，在第四天城民们便走出城来投降。

　　接着，阿剌黑的蒙古军挺进到忽毡。然而在这里，他们遇到该城守将、花剌子模的民族英雄帖木儿灭里的英勇抵抗。当他们兵临城下的时候，居民们躲进了内堡，希望免遭残害，帖木儿灭里则在城北的锡尔河中间，修筑了一座高大坚固的城堡，率领1000多骁勇的武士在那里据守。

　　针对蒙古军填河筑坝的行动，帖木儿灭里造了12只战船，船上覆盖湿毡，上面再涂以浸过醋的黏土，只留下一些窗口以为窥视和放矢之用。每天早晨，帖木儿灭里向各个方向派出6只战船，与蒙古军展开激战。

　　蒙古军向战船射箭，投掷火和石油，然而都不起作用，他们填入河中的石头，也都被帖木儿灭里的士兵抛回到岸上。帖木儿灭里还常常施行夜袭，令蒙古军疲惫不堪。

　　蒙古军下决心攻取这座屹立于河中的城堡，准备了更多的战械，发动更猛烈的进攻。帖木儿灭里毕竟人少势单，渐渐感到无法支撑，于是决定撤离城堡。

术赤得知帖木儿灭里顽强抵抗并准备突围的情况之后,立即下令在锡尔河下游架设浮桥,备好弩炮,设置重兵以待船队到来。

最后帖木儿灭里身边仅存的几名随从也都战死了,他手中的武器也失掉了,只剩下3支箭,其中有一支还是无镞的断箭。

这时3个蒙古人追了上来,他用那只无镞的断箭射瞎了一个人的眼睛,然后对另外两个人说:"我还剩两支箭,刚够你们两人享受。但我舍不得用,你们最好还是逃命去吧!"蒙古人非常害怕他的箭法,不敢上前,只好退走。

帖木儿灭里脱身来到玉龙杰赤,重新准备投入战斗。他从那里率领一支人马进攻养吉干,杀死了蒙古派驻养吉干的长官。之后他又投奔到花剌子模算端摩诃末处,继续在疆场驰骋,英勇杀敌。

只是在摩诃末死后,他才放下手中的武器,成为一名伊斯兰教派教徒,前往叙利亚。

成吉思汗也在行动。当他的3个儿子和其他几位将领在锡尔河一线一个接一个地攻陷城池要塞的时候,他和他的幼子拖雷率领中军主力从讹答剌向古代河中地区的中心泽拉夫尚河谷进发。1220年2月,成吉思汗率军抵达不花剌。

成吉思汗大军到来时,守备不花剌的兵力全部是骑兵,不花剌守卫部队由两万到3万突厥雇佣军组成。

成吉思汗指挥军队把不花剌城团团围住,然后下令攻城,连续攻了3天。

蒙古军施展其惯伎,把从当地抓来的老百姓赶在前面,发起冲锋。

第三天,守城的雇佣军将领失去了固守的信心,商定夜间率部突围出城逃走。他们这一突围计划差一点儿获得成功。夜里他们开始行动,冲出了包围圈。

蒙古军很快冷静地判明了情况,便整队追击,最后在锡尔河畔追上了这些逃跑的雇佣军,将他们消灭殆尽。

1220年2月10日至16日,蒙古人陆续开进不花剌城。但是,城堡仍有400余名骑兵把守。

蒙古人宣布,不花剌城内全体持有武器的居民都必须自首,违者格杀勿论,尸体将被填入城堡周围的壕沟。

接着蒙古军队在城堡周围架起投石器,瞬时巨石纷纷飞向城堡,打开了一些缺口,蒙古军从这些缺口冲了进去。

第四天天刚亮,成吉思汗亲自上马,挥师包围城池。城里、城外的将士都集合来,紧束战袍,决心拼死冲杀。射石机和弓弩争先射击,矢石横飞。

城内的军队多次发起冲击,希望能冲开一条血路,城外的军队一批接一批地补充,宁愿战死也不肯后退一步。蒙古军堵住了各个城门,阻止花剌子模的军队冲到战场上。

双方在交战的棋盘上杀得难解难分。花剌子模那些英勇的骑士们冲不出城门,不能纵马驰骋于原野了。这时,他们让大象投入战斗。面对着凶猛的大象,蒙古士兵并没有逃跑,而是在各级将领的率领下压住阵脚,用他们百发百中的利箭,解脱了那些遭大象进攻的人们,打乱了对方步兵的队形。

一阵阵箭雨落到大象身上,大象终于支持不住了,纷纷扭头往回跑,再也不听从象夫的指挥,踩死了许多花剌子模士兵。

第六天早晨,蒙古军开进城内,城里的男女居民,以100人为一群,由蒙古人监视,被赶到城外。

只有那些去晋见成吉思汗的伊斯兰教首领以及受他们庇护的人们,才免于出城。获得这种保护的大概有5万人,大多数为工匠。

随后，蒙古人通过传令官宣布了一道命令："藏匿不出者，格杀勿论。"

直到天黑以后，阿勒巴儿汗才率领1000名不怕死的勇士冲出内堡，从蒙古军中杀出一条血路，前去与花剌子模算端会合。天亮以后，蒙古军包围了内堡。放满水的蓄水池遭到了破坏。

那天晚上，1000名英勇无畏的战士在内堡被攻破后，退守大清真寺，用火油筒和方镞箭进行激战。蒙古军也使用火油筒还击，将礼拜五清真寺焚烧一空。

摩诃末受惊病死

花剌子模国王摩诃末曾吞并邻国,所向无敌,所以骄傲自大,目空一切。现在,他却变得整日心怀疑虑,惶恐不安。

在蒙古军攻占不花剌以前,他对跟随的人说:"前来进攻我们的蒙古军队,只要每个人扔下他的马鞭,就能填平撒马儿罕城壕!"

后来他在那黑沙卜,对沿途的居民说:"我已无力保护你们了,自谋活命之计吧!蒙古军是无法抵抗的。"

当蒙古军攻陷不花剌后,他对自己的领地喊了四声"安拉万岁"便仓皇逃亡。

成吉思汗选择能征善战的哲别、速别额台两人去追击摩诃末,从身边的军队中挑选出3万精兵,其中一万人由哲别率领做前锋,一万人由速别额台率领做后卫,一万人由脱忽察儿把阿秃儿率领紧随他们后面支援。

成吉思汗命令军队说:"我派你们去追赶,直到将他们追上为止。如果他带领军队来攻打你们,而你们无力抵抗,可马上向我报告。如果他的力量不强,即可与之对敌。因为我不断接到消息说,他怯弱、心惊胆战,一定敌不过你们。如果他被你们打垮后,逃到陡山狭洞里,你们要像强风一般吹进去,把他消灭。凡是归顺者,发给保护文书,派员镇守;反抗者一律消灭掉!我给你们3年的时间,战事结束后通过钦察草原回到蒙古草原。现在看来,我们能够如期结束这场战争而凯旋!"

这时摩诃末正如惊弓之鸟,惶惶不可终日。他的儿子札兰丁建议说:"河中的局面已经无能为力了,现在要竭力保住呼罗珊和伊拉克。我们或者召回分驻各城的军队,以阿姆河为城壕,与蒙古军决战,或者全都退到印度去。"

摩诃末采纳了后退的意见,来到巴里黑,即今阿富汗巴尔克。在这里,伊拉克的亦马忒木勒克来请摩诃末到伊拉克去,提议在伊拉克集结军队再考虑下一步的打算。

札兰丁却反对这个提议,说:"对我们来说,最好的出路是把军队召集起来,去攻打蒙古人,这是完全可以办得到的。如果不赞成,要到伊拉克去,那么请把军队交给我,让我去夺取胜利。我们不应该成为众矢之的,受人谴责,不应该让人们说:'他们以前只管向我们索取赋税,如今大难临头,却把我们抛弃了。'"

可是摩诃末越发慌乱不堪,惊恐地从巴里黑逃往你沙不儿,即今伊朗东部内沙布尔。

跟随摩诃末的有一群他母亲秃儿罕可敦的亲族突厥人,他们企图于夜间将其谋杀。

但有人把阴谋告诉了摩诃末,他马上转移别处睡觉。天明时发现他原来的帐篷已被乱箭射穿。

在你沙不儿,摩诃末除了恫吓当地人修建防御工事和严加戒备之外,只是纵酒取乐,以酒消愁。

这时哲别、速别额台已经渡过阿姆河。蒙古军以牛皮为筏,将军械衣物装在筏中,人坐筏上,全军渡过阿姆河。

阿姆河以南地区称呼罗珊，主要城市有巴里黑、你沙不儿、也里、马鲁等。

蒙古军首先抵达巴里黑，市民派代表献上食品，恭敬地迎接他们，蒙古军于是只留一人镇守此地，同时要了一名向导带路，继续追赶摩诃末。

1220年6月，哲别和速别额台进逼你沙不儿。此时摩诃末已经听到蒙古军追来的消息，逃到可疾云，即今伊朗加兹温。他把嫔妃、子女和母亲送到哈伦堡，并同伊拉克的大臣商议御敌之计。

有人提议先躲起来为好，并建议躲到叫失兰忽黑的山中去。摩诃末巡视了这座山之后，说：“这个地方不是我们的藏身之所。”

又有人建议躲到另一座叫唐帖古的山中去，那里外人无法通行，而且很富裕，可以在那里召集军队。

摩诃末认为这样做将会同当地人造成敌对关系，也不同意。

他坚持驻守在可疾云，并派人到附近地区去召集军队。摩诃末在乌兹维因以西数十里高山上的坚固的古要塞避难。

但在此也未久留，仅住了7天，就又逃到吉兰，又从吉兰逃到麻赞得兰。

哲别、速别额台在你沙不儿得到粮草供应之后，便离开那里继续追寻摩诃末。

两支蒙古军在剌夷城会师，共同袭破此城。

但是剌夷城被攻破的消息一传来，摩诃末的随从顿时争先出逃，摩诃末只得与少数人再次流亡。

流亡路上有一次甚至遇到蒙古军队，但是蒙古人仅把他们当成一支普通的花剌子模部队，没有认出摩诃末，只是射伤了他的驮载重物的马匹。

摩诃末无论走到哪里，都是还没能住够一天，蒙古军就追上来。

大臣们认为只有躲到里海的岛上去才安全。

于是摩诃末乘船入海,在一个岛上住了一段时间,他怕走漏消息,又秘密转移到阿巴斯昆岛。

这位称雄一时的君主此刻悲哀地说:"我征服了不少国家,现在竟没有一块土地可以做坟墓!"

摩诃末成为一名虔诚的伊斯兰教徒,遵守戒律,每天进行5次祈祷,流泪忏悔,发誓一旦恢复政权,一定在国内实行正义。

根据成吉思汗的命令,蒙古名将哲别、速别额台率军追击摩诃末。成吉思汗要求他们要像猎犬一样咬住自己的猎物不放,即使其躲入山林、海岛,也要像疾风闪电般追上去。

蒙古军追到了里海边,但是几经搜索都没有找到摩诃末,于是包围了剌里赞、亦剌勒两堡。他们围困两堡4个月之久,直至投降。

剌里赞、亦剌勒两堡陷落的消息传到摩诃末那里后,他越发惊慌,不久便患了重病。

临终前,他废掉了以前所立嗣位者斡思剌黑,召儿子札兰丁前来,传位于他。

1220年底,摩诃末死去。仓促间找不到装殓的衣服,只以其衬衣包裹,草草埋葬。

摩诃末死后,哲别、速别额台又挥军北上,进入钦察草原与斡罗思地区。因术赤与察合台意见不合,玉龙杰赤久攻不下。成吉思汗命令窝阔台为前线指挥,最后才攻下玉龙杰赤城。

不可一世的花剌子模被消灭了,钦察骑兵和斡罗思诸公国也一败涂地,古印度河、伏尔加河一带成为激烈争夺的战场。

花剌子模的王子札兰丁率领残部进行抵抗,在八鲁弯之战中一举消灭了近3万蒙古兵。但花剌子模大势已去,札兰丁被成吉思汗围困在申河边上,最后不得不突围逃往印度,从此就销声匿迹了。

玉龙杰赤攻防战

原花剌子模国的首都是乌尔根奇，旧称玉龙杰赤。玉龙杰赤位于阿姆河注入咸海处的三角洲附近，是一个肥沃的绿洲。13世纪，这个城市以生产纺织品而闻名，还是著名的商业中心和商队驿站。因此，玉龙杰赤在当时十分繁荣。

现在，玉龙杰赤的突厥部队决心拼死抵抗蒙古军队进攻，忠实于花剌子模王朝的居民也都抱此决心。

成吉思汗派了大约5万人去攻取玉龙杰赤。指挥这支大军的是他的3个儿子术赤、察合台和窝阔台，还有博尔术等久经沙场的将领。

术赤想不费一刀一箭就使该城投降，遂派人前去晓谕城民，说他的父汗已将花剌子模封给了他，他希望他这个首都完整无损，不遭到任何破坏。他还下令保护公园和郊区，以表明他的善意。但是，他的这一招降措施没有取得任何效果。

玉龙杰赤市处于沙漠和沼泽之间，找不到可供炮击的石头。蒙古军队便在郊区砍了许多桑树，将树干锯成小段，以代炮石之用。

他们又强迫俘虏运来沙土填该城周围的壕沟。壕沟填平后，蒙古军立即开始在城墙脚下挖掘地道，潜兵攻入城内。但入城以后，他们还必须一条街道一条街道地争夺和厮杀。

3000名蒙古军前往夺桥，登上桥，向对岸冲去，但遭到对岸的敌军的反击，全部战死或落水淹死。

不过，蒙古军队失利的真正原因是术赤和察合台两人不和。术赤和察合台兄弟两人一直互相憎恶，围攻玉龙杰赤时他俩又发生了争执。

术赤已经知道这座城市将是他的封地的一部分，所以他想努力使该城免遭破坏。但是，向来严厉而刻板的察合台激烈地反对他采取这种方针。

由于他两人不和睦，部队的纪律也随之松弛了。最后，两人分别向成吉思汗陈述自己对对方的不满。

成吉思汗对他两人的表现十分生气，改命窝阔台统领攻城全军，责令术赤和察合台都必须听从其弟窝阔台的指挥。

窝阔台素以足智多谋，有远见卓识著称。他每天都与两位兄长会见，针对两人的特点，谈话很讲究分寸，与他们相处得很融洽，并用极巧妙的手法使他们在表面上保持了和睦。

然后他坚定地执行自己的职责，加强了军纪，将军中诸事安排得有条有理。经过一番整顿，蒙古士兵齐心协力地投入了战斗，只用一天就把旗帜插上城头。

玉龙杰赤攻坚战开始了，一声雷霆闪电般的呐喊，蒙古军把投掷器和箭矢，像雹子一样倾泻出去。接着，蒙古军涌到城前，把外垒的根基拆毁。

玉龙杰赤统帅忽马儿目睹剽悍的蒙古军的凶猛进攻。吓得肝胆俱裂，他知道蒙古军必然获胜，而他束手无策，便擅自走下城头，离开了指挥的位置，在城中居民中引起一片纷扰和混乱。

蒙古军先用喷射石油的器械烧毁了附近的街区，然后才集中兵力向城里猛攻。玉龙杰赤军民与蒙古军展开了巷战，每一条街道，每一个院落都要经过反复争夺，简直达到了寸土必争的地步。

被包围的市民，包括妇女、儿童和老人，知道自己不会得到蒙古人的怜悯和恩惠，于是一齐积极地不松懈地投入了战斗，每幢房屋都变成了堡垒。蒙古军队继续向这些已变成堡垒的房屋投掷燃烧着的石油罐。接着，他们便踏着燃烧着的尸骨往前冲。

守城军民抵抗了整整7天，退到了还没被大火烧着的3个区。最后，他们只好派一位警长去见术赤，被迫向蒙古人乞降。

但此时的术赤，正在为自己的部队伤亡惨重而怒火中烧，便说："汝等以抗拒而没我军多人。迄今受怒火与威严者乃我军也，汝等竟说汝等受我军之怒火与威严！今我军当使汝等一受之！"

术赤下令驱民出城外。市民中年轻的妇女和儿童都沦为了蒙古人的奴隶。所有的工匠被集中在一处，以便遣往蒙古为成吉思汗服务。其余的男性居民被分别列于蒙古军队列之间，全部死于刀与箭之下。最后，蒙古军掘开阿姆河堤，引水灌城，玉龙杰赤市顿时一片汪洋。此事发生在1221年的农历四月。

另据蒙古史诗记载，成吉思汗当时对他的3个儿子，主要是术赤围攻玉龙杰赤时行动迟缓、久久攻不下此城极为不满。使他不满的进一步原因是他们3人私分了俘虏和财物，而没有把主要部分留给父汗。

攻陷玉龙杰赤以后，他们3人来见成吉思汗，但成吉思汗一连3

天拒绝见他们。最后,他的老伙伴博尔术和失乞忽秃忽出面为3人求情说理,成吉思汗才怒气稍息。

成吉思汗听了之后,便接见了3位王子。但在接见时,他仍对他们严加斥责,直骂得他们3人无地自容,额上汗流,擦之不迭,一动不动地站在他面前,气不敢出。

晃孩、晃塔合儿和捌儿马罕3号箭手也出面为3位王子求情。3位弓箭手的一番话才使成吉思汗心中的怒火完全熄灭了。

实际上,当时回到成吉思汗身边的只有察合台和窝阔台两人,他两人同其父汗之间的关系后来一直很亲密。

与他两人相反,在攻下玉龙杰赤以后,术赤一直待在玉龙杰赤地区和今哈萨克草原,那里是他的封地。他和他的军队就生活在那里,没有继续参与这场战争后一阶段的行动。

追击新国王札兰丁

就在成吉思汗和拖雷父子扫荡敌军的时候，花剌子模的国王札兰丁在他原先的封地哥疾宁，也就是今天的阿富汗加兹尼召集军队，企图向蒙古军反攻。札兰丁当时集聚了康里、突厥等部的兵马，加上原来他自己的军队，总计有10余万人。

得悉这一情况，成吉思汗立即从塔里寒寨派遣大断事官失吉忽秃忽，还有帖客扯克、木勒合儿率兵3万军队前去征讨札兰丁。

帖客扯克、木勒合儿首先进兵围住瓦里安堡，正要破堡而入的时候，札兰丁已经北上进驻了八鲁湾，也就是今天的阿富汗喀布尔之北，并从这里遣军进击，铁桶般围困住瓦里安堡的蒙古军。

蒙古军在此战中被击败，损失1000多人，迅速撤退，并和大断事官失吉忽秃忽的军队合在一处。

稍做准备后，失吉忽秃忽指挥前军进发，在八鲁湾与札兰丁的军队相遇。两军迎面对垒，迅即摆开阵势。

札兰丁遣军三路，右翼指挥是阿明灭里，左翼指挥是赛甫丁阿黑剌黑，中军由他自己指挥，著名的八鲁湾之战开始。

蒙古军因为人数少，失吉忽秃忽突发奇想，连夜让每个骑兵在马背上绑上一个毡子做的假人，迷惑敌军。

札兰丁的军队突然看到了蒙古军突然增加了许多，以为敌人援军已到，便准备逃跑。

札兰丁强硬地制止了军队可能发生的溃乱，他大声命令说："还是我们的军队人数最多！现在，我们就摆开队伍，从左右两个方向包抄过去，把蒙古军围起来。"军心稍稳，鼓角齐鸣，数万人马一齐向蒙古军冲过去。

失吉忽秃忽顽强地指挥军队拼命抵抗，但终究敌不过比他们多出两三倍的札兰丁军。眼看着就要陷入被包围的险境，失吉忽秃忽赶紧下令撤退。

这一带的地形十分复杂，地面也凸凹不平，有许多暗坑。蒙古军在撤退中马匹纷纷摔倒。骑着快捷好马的札兰丁军迅速赶过来追击杀死。八鲁湾之战，成为成吉思汗西征以来所遭受的一次最大的失败。

消息传到成吉思汗那里，他格外痛心，但他仍然沉着地说："失吉忽秃忽以前总是打胜仗，没有受过挫折。现在，他也尝到了失败的滋味，以后他就会聪明起来。"成吉思汗没有惩罚失败的将领，只是要求他们从失败中吸取教训，将功补过。

成吉思汗决定亲自率领大军去征讨札兰丁。当他率军经过失吉忽秃忽和札兰丁交战的地方时，他询问道："你们和札兰丁都在哪里屯兵啊？"部下就一一指给他看。

成吉思汗一看脸色就变了，他严肃地说："难道，你们没人懂得如何选择有利的地形来作战吗？"

成吉思汗批评了失吉忽秃忽等蒙古将领，随后领军围攻欣都山，即今天的兴都库什山南的范延堡。

在这次战斗中，弓矢弩炮漫天飞射，察合台最喜欢的儿子木阿秃干中流矢而死。

成吉思汗悲痛万分，他下令加紧围攻。在攻陷城堡之后，成吉思汗命令军队不赦一人，不取一物，将此地毁为荒漠，并起名为"卯危八里"，波斯语的意思是"歹城"。这座被蒙古军彻底毁灭的城堡，百年之后尚无任何生命生存。

这时候，察合台、窝阔台已经把千年古都玉龙杰赤攻占，也率军前来与大汗的军队会师。

察合台也来到了前线，成吉思汗命令任何人不许把木阿秃干的死讯告诉他，只说已遣木阿秃干去往他处了。

过了好几天，一次，成吉思汗趁儿子们都在场的时候，他故意对察合台发怒说："你为什么不听我的话！"

察合台马上跪在地上，以手扪胸说："如果我对您的话有什么违背，那就让我去死吧！"

成吉思汗追问他："你真的可以照我的话去做吗？"察合台坚决保证自己听话。

这时，成吉思汗才说："你的儿子木阿秃干已经战死了，我命令你不许哭！"

察合台一听如五雷轰顶，几乎失去控制力，但他不敢违命，更不能违背刚说的话，就竭力克制痛苦，照常饮食。事后，察合台借故独自跑到了野外，暗地里大哭了起来，发泄心中郁结。待心中好受了些，才拭干眼泪又回来。

成吉思汗的大军继续向札兰丁屯驻的哥疾宁进军。札兰丁军内部的派系众多，在八鲁湾之战胜利后，他们抢了许多战利品，在分配这些东西的时候，各派之间发生了很多矛盾。

为了争夺一匹阿拉伯马，阿明灭里和赛甫丁阿黑剌黑争吵起来，阿明灭里用鞭子抽打赛甫丁阿黑剌黑的头。可札兰丁却偏向阿明灭里，赛甫丁阿黑剌黑感到委屈，一怒之下，他在夜里率部离去了。

札兰丁人马骤减，他早已知道自己不是成吉思汗的对手，便匆匆逃出哥疾宁，退往申河，即今天的印度河，企图过河逃奔印度。

成吉思汗得知札兰丁逃跑的情况，迅速带轻骑兵追赶。在申河岸边，札兰丁正在准备船只，组织渡河，蒙古军已经快速追上来了。

成吉思汗指挥蒙古大军从四面八方连夜将札兰丁围在当中。这个包围圈就像一把弓子的半圆形，申河像是那弓上的弦。等到太阳升起的时候，札兰丁发现自己已处于水火围困之中。

成吉思汗打算生擒札兰丁，就下令不许向他射箭。札兰丁背水死战。右翼的阿明灭里在蒙古骑兵的冲击下很快被击败。

札兰丁的左翼军也被很快歼灭了，最后只剩下札兰丁率领的中军几百人在顽抗。他组织一次又一次反冲锋军队向蒙古军冲击，从清晨一直冲到中午，但由于人数逐渐减少，他无论如何也无法突围了。

蒙古骑兵步步进逼，札兰丁活动的地盘越来越小。当他看到继续顽抗已完全徒劳无益时，便退下来换上一匹新的战马，然后奋力向蒙古军冲去，迫使他们后退。接着，他又突然掉转马头，背负盾牌，手握大旗，从高高的悬崖跃入申河，游向对岸。

见此情景，成吉思汗吃惊地捂住自己的嘴不发出声来，他指着渐渐远去的札兰丁的背影对儿子们说："生儿当如斯人：他既能从这样的战场上死里逃生，日后定能成就许多事业，惹起无数乱子。"

札兰丁为了使他的妻妾子女免遭俘虏之辱，在他渡河之前把他们全部投入河中，随同札兰丁家属一起沉入河底的还有无数金银珠宝。

札兰丁倚仗自己的快马向白沙瓦方向狂逃。白沙瓦就是今天的巴基斯坦西北部与阿富汗交界处的地区和城名。

为了要彻底铲除对手，成吉思汗遣将渡过申河，深入印度，竭力搜寻札兰丁的下落，但一直没有找到，只好回师。

在当时，札兰丁确实在印度各地活动过，后来他离开印度前往波斯。在那里，札兰丁领导了一场轰轰烈烈的复国运动，一度颇有成效，但在1231年，最终败亡于蒙古军的再次西征。

至此，成吉思汗西征花剌子模的大规模战役，取得了最终的胜利。

接受先进文化

1220年至1221年，成吉思汗来到卡尔希河上游萨里-萨剌伊过冬。1221年春，他率军从巴里黑附近渡过阿姆河，着手最后征服阿富汗突厥斯坦的行动。

这座城市一直吸引着成吉思汗的注意。它地处一片荒凉的草原中心，是一片灌溉良好的绿洲。

以前，这里发生过多次敌人入侵的事件，但巴里黑都抵抗住了，所靠的是周长12公里的高而厚的土筑城墙。

哲别和速别额台当初首次来到这座城前时，曾只满足于该城形式上的服从。现在，成吉思汗来了，城里的居民便前来向他致意。

成吉思汗担心这座城市会被敌人用来作为抵抗的中心，遂借口检查人口，将居民驱出城外。这个地区中所有敢于抵抗的要塞城市，都被他一个接一个地攻陷了。

在这段时间，成吉思汗派他的第四个儿子拖雷去征服或者最后征服呼罗珊地区。

上一年，哲别和速别额台经过这一地区时，该地区各要塞城镇只在形式上表示屈服。现在，成吉思汗要求彻底征服呼罗珊。

呼罗珊是波斯语的"东方"。这是一个很长的草原地带。大小河流使草原上星罗棋布的绿洲变得更加肥沃。这些河流灌溉了这些绿洲以后，随后就流入并消失于那个大沙漠中了。

这个大沙漠正在侵蚀着伊朗高原的腹地，就像侵蚀其周围其他地方一样。这就是说，在这里，要种植农作物，就必须坚持不懈地努力维护灌溉系统，以保护公园、果园、葡萄园、小麦地、稻田、大麦地以及榆树和杨树防护林。

经过人们艰苦耐心的垦殖，这个地区已经变成了相当富庶的地区。在这种物质财富的基础上，波斯文化大放光彩。

拖雷及其部队的到来使这片富庶的绿洲地区呈现出一片悲惨情景：在精神文化被摧毁的同时，绿洲本身也被摧毁了，生气勃勃的绿洲变成了死亡之地。

首先遭到摧毁的城市是阿什哈巴德附近的奈撒。奈撒也是一个极为富庶的绿洲，水源丰富草木丰茂，园林棋布。这个绿洲位于众多溪流之源的阔帕特，即达黑山脉北麓，北临突厥蛮斯坦的险恶的卡拉库姆沙漠。

但是，奈撒城却掩映在葱郁的树荫中，同北部的卡拉库姆沙漠的荒凉景象形成鲜明的对照，简直是奇迹。

拖雷分兵一万给成吉思汗的女婿脱忽察儿，让脱忽察儿去攻取奈撒。

蒙古军趁夜色控制了城墙，天一亮就冲进了该城。接着，脱忽察儿移军进攻你沙不儿。你沙不儿是当时波斯最美丽的城市之一，是呼罗珊省的首府，正处于繁荣时期。

该市的北面有一条发源于比纳鲁山脉的桑加瓦尔河。据阿拉伯地理学家说，你沙不儿有12条引水渠，渠水引自桑加瓦尔河，不但确保了70家磨坊的正常运转,而且使大部分家庭得到了充足的用水,所有的林园也得到了很好的灌溉。

在几个月以前,哲别路过此地时还只是"警告"这个城市的人,现在脱忽察儿则要攻占它。但是,在攻城的第三天,他被从城上飞来的一箭射死了。接替他指挥这支蒙古军队的将领知道自己没有力量攻占这座城市,遂解围而去,准备以后再来报仇。

他把这支部队分为两队,他自己带领一队去攻萨布扎伐尔。3天后,他攻下了萨布扎伐尔城,拖雷本人在第二年初才开始行动。他攻击的矛头首先指向位于木尔加布河下游的大绿洲马鲁。

马鲁这个绿洲城市工业发达,贸易兴旺,以盛产棉花而知名,它出口棉花,也出口布匹。它还以蚕丝业闻名于世,它出口粗蚕丝,也出口丝织品。

城内纺织品区,铜器商区和陶器商区,是中东商人经过此地时必然光顾的街区。

拖雷率领人马抵达马鲁城下。他的这支军队有7万人,其中部分是从已被征服的各州中征集而来的新兵。该城守军曾两次突围,均以失败而告结束。

1221年2月25日守军表示愿意投降,摧毁马鲁以后,成吉思汗家族的年轻将领拖雷急于为5个月前被你沙不儿人射杀的姐夫脱忽察儿报仇,遂率领部队向你沙不儿进发。从马鲁到你沙不儿只有12天的路程,拖雷很快就来到你沙不儿。

深知自己没有任何被宽恕的希望的你沙不儿居民,遂加固城墙,准备拼死抵抗。

但蒙古军队在城周围部署的攻城器械也很齐备:面对如此强大的攻势,城内军民很快就丧失了坚守的勇气。

他们派了一个代表团来见拖雷,请求宽恕。但是,拖雷拒绝任何和解，下令立即攻城，昼夜攻击不止。

一天早晨，城周围的壕沟已经被填平，城墙被打开了无数个缺口，一万蒙古军已登上城墙。拖雷的部队从四面八方涌入城内，所有的街道和房屋都成了厮杀的战场。

1221年农历四月十日，你沙不儿全城被蒙古军占领。

1222年春，成吉思汗命窝阔台率军前去惩罚哥疾宁，因为哥疾宁正在成为逃亡的札兰丁东山再起和组织反扑的据点。

经过不花剌时，成吉思汗怀着一颗好奇心让人向他粗略地介绍了伊斯兰教。

成吉思汗当初并没有打算向伊斯兰教宣战，甚至没有觉得有向伊斯兰教开战的必要。

铁木真和他的将士们只想惩罚花剌子模人，因为花剌子模人杀害了他的商队和使臣，践踏了贸易自由原则。

在战争中，成吉思汗又进一步惩罚花剌子模人，因为花剌子模人杀害了他的女婿，射杀了他心爱的孙子。

这时，铁木真对伊斯兰教发生了兴趣。让人给他讲解《古兰经》的原则，并表示赞成这些原则，因为伊斯兰教信徒们信奉的真主同突厥——蒙古人信奉的天并没有什么区别。

但是，成吉思汗谴责麦加朝圣的原则，因为他认为天是无处不在的。在撒马尔罕，他命令今后应以他的名义祈祷，因为他已取代穆罕默德苏丹，已同时是花剌子模的君主。

这样，成吉思汗就使伊斯兰教同蒙古人信奉的萨满教和克烈亦惕人信奉的基督教处于了同等的地位。

成吉思汗对城市制度的原则，实际上并不十分理解，甚至在开始时根本不理解这种原则。

这时恰恰有两位穆斯林自告奋勇地向成吉思汗传授关于城市的

知识。这两个人都来自花剌子模玉龙杰赤,都是过定居生活的伊朗化了的学者、法律人才和行政管理人才,一位名叫马哈木·牙剌瓦赤,另一位名叫麻速忽·牙剌瓦赤。

他俩向成吉思汗阐述了城市居民聚集区对一个游牧征服者可能带来的好处。

这种课程使成吉思汗十分感兴趣,听了这两位穆斯林的讲解以后,成吉思汗当即留用了他们两人。

成吉思汗明智地委任这两个人配合蒙古行政管理官员管理东西突厥斯坦的古老城市:不花剌、撒马尔罕、喀什噶尔以及和田。

委任这两名穆斯林学者管理城市,这是世界征服者成吉思汗一生中的一个重大抉择,一大成功和一个重大转折。

在这以前,成吉思汗还完全不懂得城市的作用和地位。现在,他开始适应由他的胜利对他产生的影响,开始向各文明古国学习。

成吉思汗成了这些文明古国的王位继承人,而且势必会成为使这些文明古国继续发展的新的统治者。

成吉思汗接受新思想,是由于在成吉思汗身边,有像耶律楚材等这样较为开明的人士。耶律楚材是契丹人,他是一位崇佛宗儒的著名人物。是辽代东丹王突欲的八世孙,其父耶律履在金朝曾担任礼部尚书、尚书右丞等官职。

耶律楚材自幼丧父,勤勉攻读,成人后博诵经史、天文地理以及佛道、医学、占卜之说。蒙古军进围中都,金宣宗南迁,他被任为中都尚书省左右司员外郎,在此期间他拜万松老人为师,皈依佛教,自称湛然居士。

1215年中都陷落,耶律楚材和其他金朝官员投降了蒙古,成吉思汗有意搜罗契丹贵族为自己服务,便特意召见他说:"辽与金是世仇,现在我已经为你报仇了。"

耶律道材听了却不以为然，回答说："敝人的父祖向来都是金朝的臣干，哪能再怀二心，仇视金朝皇帝和自己的父祖呢？"成吉思汗非常欣赏他能忠于旧主，认为他是可以信赖的人，就把他留在自己身边，随侍左右。

耶律楚材希望从此能够施展自己的抱负，以儒家的主张来治理国家，有一个西夏人常八斤善造良弓，很受成吉思汗的赏识，他瞧不起耶律楚材这样的儒士，说："国家正在以武力取天下，他却宣扬文汉那一套，不是格格不入吗？"

耶律楚材反对一味崇尚武力，更看不起常八斤这样的匠人，便反唇相讥道："制造弓箭尚且需要弓匠，治理天下难道可以不用治天下匠吗？"成吉思汗听到耶律楚材的话很高兴，对他愈加信任。耶律楚材身高须长，声音洪亮，成吉思汗亲切地称他为"吾图撒合里"，蒙古语意为"长须人"，而不直呼其名。

然而当时凭借良弓劲马征服四方的蒙古贵族，还不能很快地接受高深的儒家说教，因此耶律楚材在成吉思汗身边的作用。主要只是一个占卜者。

耶律楚材精通天文历法，有一次主管天象的回回人预报说五月十五日夜里将发生月食，他认为不准确，到了那一天果然没有月食。后来他预测十月将出现月食，而回族人认为不准确，到时果然出现了明显的月食。

成吉思汗大感惊异，对耶律楚材说："你对于天上的事情都没有不知道的，何况是人间的事情呢？"所以每次出征，都一定要耶律楚材占卜，以知吉凶。耶律楚材有时也利用他这种特殊地位，对成吉思汗施以"止欲勿杀"的影响。

耶律楚材还为成吉思汗起草了邀请丘处机的第二份诏书，在丘处机抵达西域后，他们二人彼此诵诗酬唱，互相极力推重，虽然耶律楚材崇尚佛教礼儒学，而丘处机是道士，他们在具体的主张上不免有所冲突，但在劝告蒙古贵族节欲止杀方面，他们的想法是一致的，后来在窝阔台汗时期，耶律楚材的治国抱负终于得到了较充分的实现。

耶律楚材主持国家政务时间很长，把得到的俸禄都分给他的亲属和族人，从来没有徇私情让他们做官。行省的长官刘敏向他提及此事，耶律楚材说："和睦友善地对待亲戚，只能用钱财帮助一下。假如让他们去做官而违法，那我是不能徇私情的。"

请丘处机讲道

中原道人丘处机也对成吉思汗产生了重要影响。

1219年夏，成吉思汗的人马驻扎在也儿的石河谷地度夏，等待秋季举兵。一天，成吉思汗与耶律楚材在大帐闲谈。

当成吉思汗问及人世间有无长生不老药时，耶律楚材答道："臣下没听说有使人长生不老的药，但听说中原山东登州有一位长春真人，他年轻时就已修真得道，深知人生长生不老的秘密。"

耶律楚材提到的这位长春真人，姓丘名处机，山东登州栖霞人，自号长春子。长春真人19岁拜道教全真派开山祖师王重阳为师，苦心修炼，得成大道。

老师仙去后，他隐居秦陇，聚徒讲道，拒绝金国和南宋的诏请，没有出山入仕。暮年，回登州老家居住。

成吉思汗遂派刘仲禄去寻长春子的下落。

刘仲禄一行，不辱使命，一路探访到了燕京，然后再到真定即今河北正定，探得长春真人在东莱，于是冒险而去见到真人。刘仲禄言词恳切，叙说了成吉思汗的思慕之情，请他前去。

现在，这位道教哲学家长春真人已72岁了。1221年农历三月，丘处机离开北京郊区，沿大兴安岭西部山麓，从多伦到捕鱼儿湖一线，进入今内蒙古大草原。这个大草原几乎是一片沙漠，有时可见一些榆树丛。

丘处机等人向北直行，来到捕鱼儿湖稍东哈勒哈河河畔。四月二十四日，长春真人及其随行人员来到哈勒哈河附近成吉思汗的幼弟铁木格的营地。这时，此地冰冻已开始消融，野草已微萌可见。

四月三十日，长春真人拜见铁木格。铁木格送给他100匹牛马，供他在前往阿富汗见成吉思汗的路上使用和支配。

从北京到阿富汗，这位中原道人竟然选择了横穿蒙古北部的艰苦难行的路线，绕了这么大一个弯子，这似乎有点叫人不可理解。

穿过甘肃省唐兀惕地面，然后取道吐鲁番和库车的畏兀儿之地，走商队常走过的塔里木盆地一线即古代丝绸之路，不是比绕道漠北更近更直接吗？但这是行不通的。

因为，虽然畏兀惕人仍臣服于成吉思汗，已派部队协助蒙古军队西征，但唐兀惕人此时却同成吉思汗闹翻了，拒绝派军队支持他西征，所以，长春真人此时只有绕道穿越蒙古才能抵达伊朗东部地区。

他溯成吉思汗的家乡克鲁伦河河谷而上，抵达昔日克烈亦惕部王罕的地盘。

长春真人一行顺蒙古的圣山肯特山山梁的南部分支而行，进入土拉河上游及其支流哈鲁哈河流域，接着进入上鄂尔浑河流域。

当时，鄂尔浑河流域是蒙古的中心地区。长春真人一行渡过上鄂尔浑河，接着又渡过博尔加泰河，沿查甘泊而行。过查甘泊后，七月十九日，他们来到斡儿朵。

七月二十九日上午，长春真人及其随行人员离开斡儿朵，转而向西南向乃蛮地面前进。

八月十四日，他们从一个城市附近经过。这个城市位于扎布汗河南岸。成吉思汗的大臣镇海在那里领导开办了一些粮店。那里还有许多被押送到这片山区做工的中国工匠。

成吉思汗西征时曾把金王的两个妃子留在此城。这两个妃子是蒙古军攻陷北京时俘来的。见到中原道人长春真人，此二妃流下了欢喜的眼泪。

镇海奉旨对长春真人说，成吉思汗现在急欲真人早日去见他。为了催促长春真人快行，避免延误时日，镇海也起身与真人同往。他们此时正走在杭爱山和阿尔泰山之间的地形十分复杂的地区。

九月初二，长春真人一行抵达阿尔泰山东北坡。要翻越阿尔泰山，只有一条狭窄的小路可走，这条小道乃是以前窝阔台经过此地时所开辟的，车辆难行。长春真人一行只好挽绳悬辕以上，缚轮以下，将车辆运过山。

他们3天越过了3条岭。来到阿尔泰山南坡以后，他们进入乌伦古河上游支流之一布尔根河河谷，或者更准确地说是进入稍靠东的纳伦河谷。

接着，他们穿过一片荒凉的沙丘地带。在这片沙丘的南面，耸立着天山的分支，远远望去，有如一条银白色的粗线横于南天之际。

九月底，长春真人等抵达畏兀儿境内的别失八里城。别失八里的畏兀儿王率领众部族及众僧等迎接来自中原的这位著名的道人。

别失八里市是畏兀儿境内的一个绿洲，渠道纵横，布局巧妙，灌溉着这片绿洲。

长春真人跋涉千山万水，穿过茫茫沙漠，终于来到了这片繁荣的绿洲。当此之时，对长春真人来说，来到这片绿洲简直是来到了天堂。

在昌八剌，人们设宴招待长春真人，筵席上有香味扑鼻的葡萄酒,还有甜美的西瓜。

这是长春真人路过的最后一个其居民信奉佛教的城市,由此往西就是穆斯林世界了。

长春真人一行沿准噶尔盆地沙漠边缘,抵达赛里木湖畔。

1221年农历十月十四,长春真人一行来到位于优美的伊犁河河谷中间的阿力麻里城。当地国王及蒙古派驻此城的长官率众来迎。旅行队伍即在此城休养歇息。

十月下半月,长春真人一行又起程继续西行。他们穿过垂河和塔剌斯河以及此二河的支流的发源地这一片肥沃的地区,接着又通过奇姆肯特地区和塔什干地区,抵达锡尔河河岸。冬月二十二日,他们渡过锡尔河,进入河中地区。

腊月初三,长春真人等来到撒马尔罕城,征得蒙古官员的同意,他们在这座城市过冬。

当时,成吉思汗正忙于荡平阿富汗境内各城的叛乱,对于他来说,此时的军事问题当然比哲学问题更紧迫。

次年四月中旬,他开始想到长春真人,于是派人传真人。长春真人接旨,即刻动身。他越过铁门,渡乌浒水,过巴里黑,于五月初五抵达成吉思汗的大营。

成吉思汗极为热情地欢迎长春真人的到来,因为,这位老人为了传授给他至理名言,千里迢迢,受尽了辛苦。

使成吉思汗对长春真人的到来感到满意的另一个原因是,长春真人在中原时曾拒绝了金王和南宋皇帝的诏书,既没有应邀前往金廷,也没有应诏前往杭州南宋皇宫。

成吉思汗对长春真人说:"他国征聘皆不应,今特应朕之请,不远万里而来，朕甚嘉焉。"

他们二人交谈的内容主要是属于哲学领域的问题。成吉思汗虽然聪颖过人，但应当承认，对于这些哲学问题，他是懂不了多少的。而此时成吉思汗正在进行荡平阿富汗和呼罗珊境内的抵抗运动的扫尾工作。

目睹此景，长春真人无能为力，只好奏请成吉思汗恩准他回到撒马尔罕待驾。成吉思汗准其所请，并指示部下好好款待真人，不可怠慢。

长春真人回到撒马尔罕，撒马尔罕行政长官契丹人，名叫耶律阿海十分周到地款待长春真人，给他送来了甜美的西瓜。在撒马尔罕，长春真人，这位似乎是当时具有最奇怪的思想的中原道人，同该地区的穆斯林学者关系十分密切。

1222年农历九月，成吉思汗结束了荡平阿富汗境内叛乱活动事宜，又遣人请长春真人前去见他。

九月二十八日，长春真人来到设在巴里黑以南兴都库什山麓的御营。

他生性不受拘束，见到成吉思汗时，强调说，在中原，道教首领拥有不向君主跪拜的特权，他们见到皇帝时只"折身叉手"而已。

成吉思汗欣然容许了这位哲学家的这种不受拘束的性格。成吉思汗彬彬有礼地请他喝蒙古人最喜欢喝的马奶酒。但是，出于宗教原因，长春真人拒绝了。

后来，成吉思汗请长春真人每天同他一起进晚餐，结果又一次遭到长春真人的拒绝。

长春真人以哲学家的口气说，对于像他这样的一个道人来说，他更喜欢静处，不喜欢军营里的喧闹。成吉思汗再次明智地表示，真人言之有理，可以自便。

1222年秋，成吉思汗大营开始北回，长春真人也随驾而行。行军途中，成吉思汗数次命人给真人送去葡萄酒和西瓜以及其他甜食。

十月二十一日，来到阿姆河与撒马尔罕城之间时，成吉思汗命人设立幄斋庄，以请真人讲道。讲道时，汗镇海在座，太师耶律阿海担任翻译，听完后成吉思汗很受启发。

十月二十五日夜，长春真人继续讲道。他的讲道给成吉思汗留下了极深刻的印象。成吉思汗命手下的人将真人的话用中文和畏兀儿文记载下来。

长春真人在讲道时向成吉思汗介绍和解释了老子、列子和庄子的一些格言。

长春真人当时一再向成吉思汗提到了《老子》一书中那段祈祷推动万物的无名力量的著名文字："大方无隅，大器晚成，大音希声，大象无形。"

长春真人还向他的这位皇帝信徒传授了《列子》一书中提倡禁欲主义的一段内容及庄周梦蝶的故事。

最后，长春真人向成吉思汗传授了庄子关于天上大鹏的寓言。在这段时间里，成吉思汗一直处在一种秘传教义的气氛中。

冬月初十，长春真人来到成吉思汗大帐，对成吉思汗说："山野学道有年矣，常乐静处行坐，御帐前军马杂逐，精神不爽。故特奏请陛下，准我归山。"成吉思汗又一次高兴地答应了他的要求。

长春真人准备返回中原。他把自己所有的东西都散给了撒马尔罕城的穷人。但当时，天已开始下雨和下雪，他由此想到，在这个季节里翻越天山是相当困难的。成吉思汗便利用这一点友好地请他推迟行期。

于是，长春真人和成吉思汗一起在河中地区过冬，这既是由于恶劣天气之阻，也是由于不想使对他表现得如此友好的成吉思汗扫兴。

三月十日，成吉思汗在塔什干山上狩猎。当他正在追击一只受伤的大熊时，不小心从马上跌了下来。狂暴的大熊就在他对面，成吉思汗一度处于十分危险的地位。

长春真人事后向成吉思汗进谏，指出像他这样的年纪不宜经常行猎。长春真人是根据道家理论说明这一点的。他说："此次坠马，乃天戒也。"

1223年农历四月初八，长春真人决定告别成吉思汗返回中原。作为分别时赠送给对方的礼物，成吉思汗赐圣旨一道，并在圣旨上盖了御印，指示免除所有道教头面人物的全部赋税，并派了一名将领送长春真人返回。

长春真人西行，向成吉思汗宣传了"敬天爱民""好生恶杀""清心寡欲"等道教主张，对成吉思汗等人起到了一定的警醒作用。

成吉思汗接受了这些主张，他曾对诸子及大臣们说："汉人尊敬神仙，好比我们尊敬长生天，我相信他是一位真正的天人，凡是他说的话，我们都不要忘怀。"他在临死前不久，向全国下了一道诏令：在战争中不再杀掠。

实施进攻欧洲战略

　　成吉思汗远征的目标已发生了变化，现在是要向西挺进，为今后蒙古军队的大规模远征做侦察性远袭。于是，成吉思汗派遣哲别和速别额台两人执行这一任务。

　　一路上，对于愿意屈服投降的城市，哲别和速别额台只要求有关城市交付一定数额的赎金。对于敢于抵抗的城市，他两人便挥军攻击，大肆洗劫。

　　哲别和速别额台占了敢于抵抗的波斯境内的大城市可疾云。他们又从可疾云出发，穿过构成波斯西北部大部分地区的草原，进入阿塞拜疆省。

　　阿塞拜疆省的长官斡思别住在帖必力思，不想以兵相拒，遂向蒙古军队送去白银、衣服和战马，以求平安。

　　1220年至1221年冬哲别和速别额台于是退出阿塞拜疆，前往里海之滨、阿拉斯河和库拉河之入海口附近过冬。他们在木干草原上休养军马。

　　木干草原地区气候十分温和，刚到农历一月份，地面上就萌发了新草。但哲别和速别额台也没有在那里久住。

1221年一月至二月，哲别和速别额台即离开这片草原，溯库拉河谷而上，进入谷儿只。

　　谷儿只是一个信奉基督教的王国，其国力正处于鼎盛时期，首都是第比利斯。

　　第比利斯位处山区，蒙古军要想攻占第比利斯的话，必须打通山区十分艰险的道路，因困难太大，只好作罢。

　　速别额台将军平时素以足智多谋闻名，他分析形势，与哲别商量，移师东进，去占领谷儿只邻国设里汪的首都舍马哈，然后向高加索以北进军。哲别言听计从，领兵一举攻占了舍马哈城。

　　要向高加索以北进军，必须通过打耳班城堡。该堡位于高加索山和里海之间的隘口上，是南高加索和罗斯之间的咽喉要道，只有一条临海的单人马道通行，这一下难倒了勇猛善战的哲别将军。

　　在大帐里，哲别正襟危坐，满脸怒气。他前面跪着一位俘虏来的设里汪军小头领。

　　哲别威严地说："你说，大军怎样才能通过打耳班城堡？如有隐瞒，绝不轻饶！"

　　"威严的将军，小人不敢撒谎，大军无法通过，只能单人单骑而行。"

　　"撒谎！如不实说，定斩无疑！"

　　小头领既不敢说有其他道路，又不敢说大军可以通过，只得磕头如捣蒜，请求饶命。哲别一摆手，要军士推出斩首。

　　此时，坐在一旁的速别额台将军说道："且慢！"他走过来，让正要命令执行的士兵立刻停手。

　　速别额台吩咐："扶他起来，让他坐下！"

　　哲别正满脸怒气，听速别额台一说，满心疑惑，不知这位将军葫芦里卖的什么药。

设里汪军小头领战战兢兢站起来,不知如何是好。

速别额台说:"请坐!请坐!你不要害怕,只要你说实话,我们不但不杀你,还要奖赏你!"

"报告将军,我不敢说一句假话。"

"那么,真的没有其他路可走了?"

"是的,只有这么一条小路。"

速别额台素来以智谋见长,见小头目不像撒谎,态度更加温和,说道:"看起来,你是个忠实的人,我们不为难你,坐下,给我们说说道路的情况。"速别额台的话,既温和又威严。

小头目带着哀求的苦相说:"将军,我的确不敢撒谎,我有几条命敢在您面前撒谎呢?这条路,平时一般人都是不能通行的。打耳班城堡归属设里汪官员管辖,只有他们批准,拿上金牌或有首府官员亲自送行才能通行。"

"好,你说得很好。"速别额台适时鼓励他。

"将军,我平生只走过这条路两次,一次送一位官员去打耳班城堡,一次为堡上送货物。这条路艰险异常,一侧是高山峻岭,另一侧面临大海,稍不留意,就会跌落万丈深渊,大军是无法通过的。要通过,必须劈山开路。"

速别额台听了,眼睛一亮,他望了一眼哲别,问道:"什么?劈山开路?这条路能开吗?"

小头目认真地说:"只要有火药,山石不算太坚硬,开出两马通行的路是可能的。"

哲别将军紧皱的眉头开了,他说道:"好!办法有了。"

速别额台笑了。"好,你说得很好!现在你下去,静候听用,不要想逃跑,将来立功有奖。"

蒙古军队火药充足,能工巧匠不乏其人。哲别立刻命令炸山开路，同时胁迫设里汪国王的9名贵族做向导。

蒙古军3万人马历尽艰险，不畏劳苦，开山辟路，扔掉所有辎重和攻城器械，终于在9名贵族的带领下，轻装通过此堡，创造了人类历史上第一次大批军马通过高加索山脉的奇迹。

1222年，哲别、速别额台率军进入帖雷克河流域。

这一带居住着阿阑人和钦察人，蒙古军的到来，遭到了阿阑人和钦察人联军的抵抗。

哲别为了削弱对方的实力，以金钱财物收买钦察人，并使他们相信，作为突厥人的后代，他们与蒙古人"出自同一个氏族"，而不应成为敌人。

哲别的话使钦察人离阿阑人而去。结果被蒙古军各个击破，钦察人逃往罗斯公国，蒙古军占领了北高加索一带地区。

此后，哲别、速别额台引军由钦察草原向克里米亚进军，占领了里海港口苏达克。

苏达克港是意大利热那亚城邦国所建，与西欧诸国有着频繁的贸易往来。苏达克的失陷，引起了全欧洲的震动。

钦察人被蒙古军打败后，逃到罗斯，向加里奇大公求援，并说如其不救，蒙古军的铁蹄将践踏罗斯国土。

当时的罗斯，国土很小，东到伏尔加河的支流斡迦河，西接钦察人统治的可萨地区，境内又分几个公国。他们分国而治，共同推一位大公为君主，大公住在乞瓦公国的基辅。

为了抵御蒙古军的入侵，加里奇大公出面邀请基辅大公，在基辅召开南俄诸公国会议，决定联合起来共同抵抗蒙古军。

1223年，罗斯各公国向第聂伯河下游集结军队，与钦察人组成10万联军。

哲别、速别额台得知消息，认为敌众我寡，要想以3万人的部队战胜10万大军，必须分化、瓦解敌人，各个击破。为了取得胜利，要采取示弱骄敌的作战方针。

于是，他们派出能说会道、足智多谋的10名大臣，到基辅去会见各位大公，劝说他们不要支持钦察人。

大公们不听劝阻，杀死了10名使臣，并命令联军渡过第聂伯河东进，在行军途中歼灭了1000多名蒙古先锋部队。

哲别、速别额台认为，10万联军对3万蒙古军，众寡悬殊，联军以逸待劳，因此不能轻易与敌接触，须诱敌深入，寻机决战，决战地点要能发挥蒙古骑兵特长。只有这样，才能造成联军补给困难，并等待术赤援军的到来。

于是，他们一面派快骑到里海之东，请求术赤派军援助，一面以一部分兵力与敌人保持接触，掩护主力退到顿河以东地区集结。

联军消灭了1000多名蒙古先锋部队后，蒙古军连连东退，罗斯联军误以为蒙古军不敢迎战。于是，加里奇大公不等弗拉吉米尔大公的部队到来，跟踪追击蒙古军，于1223年冬到达亚速海北迦勒迦河，与蒙古军隔河对峙。

这时，术赤的援军也已赶到。哲别、速别额台见时机已到，引军到达里海北岸的阿斯塔拉干，分兵两路，一路沿亚速海东南到黑海，迂回北上，一路冲过了已结冰的顿河，并迅速列阵以待，形成了钳形阵势。

加里奇大公在第聂伯河取得小胜，认为以绝对优势兵力，不难击败蒙古军。他不愿别人分享战功，不相约其他公爵，率联军8万乘胜追击到迦勒迦河。几昼夜的追击，联军疲惫不堪。

哲别派出少量骑兵佯攻，攻不久即退。

加里奇大公邀功心切，乘胜追击。只有一位老将米斯提斯拉夫将军提出探听虚实，而后再打。但他的明智主张，遭到加里奇大公的坚决反对。

哲别抓住时机，下令切断联军后路，进攻钦察人，造成联军右翼空虚。钦察人战败，溃退时把罗斯军冲得七零八落。

罗斯军腹背受敌，激战3日，全军覆没。加里奇大公逃跑，渡河后将迦勒迦河上的舟船全部烧毁，使罗斯军无法渡河，几乎被蒙古军全部歼灭，生还者仅十分之一。

在这次战斗中，罗斯方面有6个公国的公爵和70多个贵族阵亡，损兵7万多人。

蒙古军并没有就此罢手，派一部兵马跟踪追击，最后迫使加里奇大公屈膝投降，俯首称臣。

人们原以为，哲别和速别额台在取得了这一辉煌胜利以后，必然会挥军向基辅公国和契尔尼戈夫公国进攻。

但是，他俩并没有这样做。他们已教训了这几个公国，对此他们已感到满足了。随后，他们只在罗斯与库梅克交界处摧毁了一些城市。

哲别和速别额台的蒙古军队又进入克里米亚地区。该地区由于热那亚人和威尼斯人的经商活动而呈现出一派富裕繁荣的景象。这里最大的港口是苏格德亚。

热那亚人来到这里购买灰鼠皮和黑狐皮之类的北方皮货以及奴隶，然后到埃及转卖。

蒙古军洗劫了克里米亚，这是他们当时对"拉丁世界"采取的唯一敌对行动。

1222年底，哲别和速别额台转向东北面，攻击"卡马河流域的不里阿耳人"。

这个民族属突厥种族，信奉伊斯兰教，居住在今喀山森林地区。他们向波斯和花剌子模出口皮货、蜂蜡和蜂蜜之类的北方产品，生活富足。他们拿起武器抵抗蒙古人的入侵，最后被蒙古人诱入埋伏圈，死亡甚众。

此后，哲别和速别额台开始想到回师亚洲，于是渡过下伏尔加河和乌拉尔河，征服了乌拉尔河以东的康里人。

随后，哲别和速别额台率领军队渡过位于塔尔巴哈台的叶密立河，回到蒙古。先期回国的成吉思汗组织大军，热烈欢迎他们凯旋。

在这次侦察性的远征中，哲别和速别额台二将长驱直进，驱驰8000多公里，击败波斯人、高加索人、突厥人和罗斯人。他们带回了关于所过地区皆软弱不堪一击的宝贵情报。20年后，成吉思汗的儿子又命速别额台前往征服欧洲，届时他必定还会记得当初远征所了解到的一切情况。

1223年，成吉思汗在八鲁湾避暑，各路大军纷纷前来报捷。哲别、速别额台在迫杀花剌子模苏丹摩诃末后，辗转攻取阿塞拜疆、谷儿只，越太和岭，深入克里米亚，经里海北东归。

拖雷胜利进军呼罗珊，迫降也里；术赤、察合台、窝阔台等已平定阿姆河以北诸地。此后，蒙古在西域设达鲁花赤，监治其地。

成吉思汗这次西征，战胜了兵力数倍于己的花剌子模帝国，征服了辽阔的中亚、波斯及东欧部分地区，并战胜了罗斯联军，大显了蒙古军的神威，为建立横跨欧亚的蒙古大帝国奠定了基础。

西征的胜利，也远远超过了预期目的，于是全军得胜回国便是顺理成章之事。

1224年，成吉思汗在班师东归的路上，在也儿的石河畔奇遇两个童子。一个名叫忽必烈，时年11岁，一个名叫旭烈兀，时年9岁。他俩是亲兄弟，是拖雷的第四、第六子，这两个小孩儿都是成吉思汗的孙子。

忽必烈和旭烈兀在其祖父出征西域时都还是幼儿。

成吉思汗在万里征程的凯旋路上，见到自己的两个爱孙，真是悲喜交加，热泪横流。

成吉思汗喜的是两个爱孙长得如此聪明、英武，前途无量；悲的是在西征中，另一个爱孙、察合台之子木阿秃干，在跟随自己围攻巴安山堡作战时中箭身亡。

成吉思汗按照蒙古习俗，当场给两个爱孙用其猎物鲜血涂了手指。忽必烈和旭烈兀两兄弟，一生都在铭记祖父对他们的教诲。

1225年春，成吉思汗结束了历时7年的西征，回到了他在斡难河源头的大汗汗廷。

制订稳定中原计划

现在，蒙古帝国的统治范围已扩大到从撒马尔罕至今北京的广大地区。

创业初期历尽磨难的成吉思汗，现在这时候完全可以对他的宏伟事业高枕无忧了，并且可以考虑休息休息度过一段相对放松的日子了。

一天，成吉思汗面对绿草新生的草地，一种奇怪的忧郁突然罩上了他的心头，心里有一种需要平静生活的无法解释的欲望。成吉思汗面对这片草地说："此地风景甚美，真乃乐业百姓盛会之处，鹿奔跑之地，老者休息之所啊！"

实际上，成吉思汗的休息和放松的方式首先是打猎、竞技，当然还有豪饮。

南宋杭州宫廷曾经派了一名外交官到木华黎处。一天，木华黎派人把这位南宋外交官找来，问他说："今日我们曾玩球戏，你何以不来参加？"

"未曾被邀，"外交官回答说，"所以不敢擅自与会。"

"自你来帝国，"木华黎坦率而朴实地说，"我即视你为亲信。

今后有宴会、竞技或围猎事，望你即来参与，不必待邀。"

木华黎同这位南宋外交官建立了真正的友谊。在南宋对金国的战争期间，这位南宋外交官表现出了杰出的外交才能。他最后离开木华黎返回南宋时，木华黎命令部下要对他特别尊重。

上述那位外交官当初拜会木华黎时，木华黎首先向他一一介绍了家里的人。然后他被请坐在木华黎的妻妾身边饮酒。

在这类宴会上，人们最大的乐趣当然是饮酒。

但成吉思汗曾经说过，合乎礼仪的饮酒应该是每月只醉3次，最好是每月只醉两次或一次，甚至一次也不醉。但天下哪里有如此自制能力的人？

成吉思汗的内心深处善良淳朴，必要的时候，成吉思汗还表现出出人意料的高尚和谦恭。成吉思汗的前附庸之一、契丹首领耶律留哥曾在蒙古的帮助下在辽东建立了一个小公国。

耶律留哥于1220年去世，当时成吉思汗还在河中战场上激战。其遗孀征得蒙古亲王、成吉思汗之弟帖木格斡惕赤斤的同意，亲自摄政。

成吉思汗远征结束回到蒙古后，这位耶律留哥的遗孀携其子前往蒙古拜见成吉思汗。她见到成吉思汗时，按礼节他们给成吉思汗行了下跪礼。

成吉思汗盛情接待她，并亲自为她把盏。她奏请成吉思汗允许由已故耶律留哥之子主持辽东王国。耶律留哥之长子曾陪同成吉思汗远征花剌子模。

成吉思汗对这位年轻懂事的王子很满意，便同意了那位女摄政王的请求。至于年轻的契丹王子，成吉思汗也慷慨地奖赏了他的忠勇行动。

对汪古惕部的继承人，成吉思汗也采取了同样的态度。

自从成吉思汗离开中原以后，蒙古同金国的斗争一直没有停止，大将木华黎一直在那里顽强地进行着征服工作。

现在，成吉思汗已使他居于首要地位。为了使木华黎这员大将拥有对中原百姓发号施令的权威，成吉思汗曾封他为国王。

但尽管如此，扮演主子角色的木华黎却善于听取意见，绝不对好的建议无动于衷。

一天，一位已归降蒙古的名叫史天倪的原金国将领大胆地向他指出，蒙古军队在被占领的地区行为太野蛮。

史天倪真诚地对木华黎说，为了使蒙古的征服取得成功，要安抚已经表示臣服的人们，争取尚未臣服的人们的信任，这是非常重要的。

对于这番直言，木华黎不但没有发怒，而且说史天倪言之有理，并立即命令部队停止劫掠，释放俘虏。

在这方面，木华黎给军队制定了严格的纪律，这大大促进了他的征服行动。

木华黎还改变了蒙古征服战争的特点。在此之前，这种战争一直是骑兵袭击，然后即离去。切实占领所攻陷的城池，木华黎很快就开始重视这一点。

木华黎越来越多地重视起用已归顺蒙古的中原人、契丹人，甚至女真人。

这些人为木华黎提供了蒙古人最缺乏的东西：步兵和攻城器械。

金国的几个投降蒙古的将领在这方面给了木华黎以很大的帮助。这些降将还说服其他的金国将领归降蒙古。

过去，为了保卫北京附近的地区，金国军队曾坚持战斗了5

年多时间。

现在，金国军队虽已退到了河南，但他们凭着黄河天险，抵抗得更加顽强了。

在7年中，木华黎虽然逐步把金军逼到了河南省，但却付出了艰苦的努力。

因为，在此期间，一些州府虽被蒙古军攻陷，但不久又被金军收复，于是蒙古军又必须重新攻陷，经过如此多次攻陷，最后才把金军逼到了黄河以南。

1217年，在今河北省南部，木华黎首次攻陷华北大平原前哨重镇大名府，但未能守住，不得已又于1220年再次攻占该城。

1218年，木华黎再次攻陷山西各大城市，如太原和平阳。

1220年，他又攻陷山东首府。

1222年，陕西省首府长安落入木华黎手中。

1223年，木华黎攻取了位于山西西南、黄河拐弯处之重镇蒲州。不久，木华黎辛劳成疾，不久就去世了。

开封的金国宫廷虽然也在做着绝望的抵抗，但它并未因此而不想求和。

早在1220年，金王就向成吉思汗派去了一名使臣，企图争取成吉思汗做出让步。

当时，成吉思汗正在阿富汗战场上。

1221年秋，金国使臣取道伊犁河谷，来到成吉思汗大营。

听了这位使臣代表金王提出的和平要求后，成吉思汗回答说："早先，朕已告知你主，令其在黄河以南称王，将黄河以北让予朕。此乃当时朕同意停止敌对之条件。而今木华黎已征服朕所需之地，你方不得已而求和。"

金使苦苦哀求，请成吉思汗怜悯金王。

成吉思汗说："念你远道来此，朕宽恕你本人之过。朕意已决：今黄河以北已悉为朕所有，然而你主尚据有潼关数镇，可传语你主，交出上述数镇，方可言和！"

金使无奈，只好将成吉思汗提出的讲和条件如实禀报金王。开封宫廷不敢接受这一条件，因为，潼关附近各要塞是河南西面的唯一防线。对于金王来说，交出这些要塞，就等于交出了自家大门的钥匙。

但是，金王并没有死心，一直至1227年，他不断派遣使臣到成吉思汗处，表示保证称臣，想以此软化这位顽强的征服者。

成吉思汗曾多次征讨西夏，迫使西夏王于1209年向他称臣。这种关系要求，一旦发生战争，附庸必须向君主提供军队。

1219年，成吉思汗准备西征花剌子模帝国苏丹时，遣使通知唐兀惕王派军队协助西征。

成吉思汗遣使致语唐兀惕王说："你曾答应为朕之右手。今朕与花剌子模关系已破裂，朕将征讨之。你应为朕之右手而行！"

但是，当时的唐兀惕王似乎已受到一位强有力的大臣的控制。这位大臣名叫阿沙敢不，他十分憎恶蒙古人。

听了蒙古使节所传达的成吉思汗的话后，不等其主子开口，阿沙敢不就对成吉思汗的要求做出最傲慢的回答。

他说："成吉思汗既无足够之力量从事其欲行之征战，何以称汗？"

西夏拒绝出兵，这深深地刺伤了成吉思汗的自尊心。对于这种傲慢行为，成吉思汗没有加以原谅。

但是，当时，西征花剌子模的计划已经确定，一切准备工作已经就绪,如果在这个时候立即发动惩罚唐兀惕人的战争,势必会打乱既定之部署。因此,唐兀惕问题只好留待以后解决。

从1225年的冬天到1226年的夏天,成吉思汗都驻营在土兀剌河畔的龙廷里,这个地方在从前就是他的君主王罕的营帐。

成吉思汗是一个依照自己意志组织绝对服从自己意志的广大帝国的元首,他也是一个世界闻名百战百胜的忠顺强大军队的统帅。

成吉思汗的左右都是为着建设帝国而奔走多年的信实幕友。他们既不是卑鄙的家仆,也不是阿谀的朝臣,却是由成吉思汗分配工作给他们的那些可靠而有效率的执行者。因此,成吉思汗此时已经达到了光辉的最高峰。

向西夏做最后征讨

1225年的秋天,成吉思汗亲率大军向西夏做最后的征讨。

因为成吉思汗当初出兵西征时,曾经向西夏国王征召军队,西夏国对他却置之不理,没有派出军队参战。在黄色金顶大帐里,有人提起过去西征的时候,西夏不肯出兵的旧账。成吉思汗一听,果然不高兴起来:"西夏真是太可恶了!他们竟敢刮我的胡子。那好,你瞧不起我,不肯一起去西征,等我休好了,就打到西夏去,看你有什么本领,再来刮我的胡子!"

成吉思汗后来又令西夏国王让他儿子到蒙古当人质,西夏国王又不加理睬。成吉思汗又听说王罕部落的残余民众,也有大多逃入西夏国隐藏了起来,心中更加愤怒,决定亲自率领大军征讨西夏。

西夏在十几年前就已经屈服于蒙古,但在后来,主战派渐占上风,继神宗之后,即位的献宗李德旺和金朝结盟,相约共同抗蒙。

在成吉思汗把主要力量放在西征花剌子模和南下伐金期间,西夏国为了保持自己的独立,艰苦支撑,所以才得以苟延残喘。

在欲亡金朝必先灭亡西夏的既定战略下,成吉思汗军队过完了冬天以后,等到元宵节刚过,成吉思汗立即下令率军出征,重新召集和编制军马，全军浩浩荡荡，陆续向前方进军。

成吉思汗留下次子察合台镇守草原，这时成吉思汗的长子术赤已死，于是他带着三子窝阔台、幼子拖雷进军西夏。

也速皇后也穿上了军装，身披铁甲，脚蹬皮靴，骑着黑色的高头大马，坐着精制的马鞍，跟随在军队的后面，缓缓地随着大军前进，真是既威风又美丽。

成吉思汗骑着一匹红黑相间的骏马，身躯高大，马儿膘肥体壮，真是威风凛凛，在将士们的簇拥中，缓缓地前进。到了城市的郊外后，成吉思汗命令将士就在当地设立围场，又一次亲自率领将士进行围猎。

突然，有一只野猪猛冲了过来，直接奔跑到战马前面。只见成吉思汗不慌不忙，凭着平生烂熟的弓箭射击技巧，拉开弓，搭上箭，一箭射出去，野猪当场毙命。

成吉思汗心中正在得意的时候，他突然发觉马的脑袋高高昂起，马的四条腿在地上乱踢乱蹬。成吉思汗一时驾驭不住，骏马竟然把他从马背上摔了下来。真是一个不祥之兆。

见此情景，部将们急忙过来救护，从地上扶起大汗，重新更换一匹马让成吉思汗骑坐。这时，成吉思汗还感到有些头昏眼花，神志也不够清醒，他随即命令大军停止打猎，安营扎寨，就地休整。骏马是因为被庞大的野猪惊吓所致，因此跳跃起来，成吉思汗在一瞬间无法控制。

成吉思汗戎马一生，南征北战，在马背上度过了大半生，没有人知道他驾驭过多少骏马。但是这匹摔他下地的红鬃马，偏偏被凶猛的野猪惊吓把他摔伤，这也许是上天不让成吉思汗长寿的预兆。从此以后，成吉思汗的晚年身体一直欠佳，后来，就生起寒热病来。

这时，有部下劝阻他说："西夏人筑城而居，能跑到哪里去？莫如先回去，等养好伤再来。"

成吉思汗坚决不同意撤军，说："这样做，西夏人必然以为我们畏惧。且在这里休养，先派人去西夏，看他回什么话。"

第二天一早，也速皇后对各位将领说道："昨天大汗被摔伤生病了，南下的事不如暂时停下来，现在请大家商议一下吧，怎样办才好呢？"各位将领纷纷出谋划策，商议了一阵，最后自然依从了也速的意见，进入中军大帐，向成吉思汗奏知。

成吉思汗还是坚持说："如果西夏国听说我在出征途中率军回去，必须会误认为我是惧怕他们，我现在就在这里养病，先派遣使臣到西夏国，责问他不主动送儿子来当人质，擅自收容敌国逃难的人，看他如何回答，然后再作决定是否班师回去。"

派遣的使臣到西夏国对西夏国王说："你过去曾和我国谈判后决定，情愿归降蒙古，我国的军队出征西域的时候，你却不派出军队参战。近来你又不派儿子去蒙古作人质，还擅自接纳王罕部叛逃的人，你可知道你所犯下的罪行吗？"

这时，西夏国的国王李纯枯已经死了，他家族中的子弟遵项继承王位，遵项又传位给他的儿子德旺。德旺本来是一个庸俗无能的人，听到蒙古使臣的责问，惊骇得战栗起来，连话也说不出来了。

这时，从旁边走出了一个人回答说："西夏国过去所做的事，都是我主张的！如果你们想和我国厮杀的话，你们就率军到贺兰山来对垒作战吧！如果你们想要索取金银缎匹，你们就派人到西凉来取吧，除此之外，什么话都不必多说了，你赶快走罢，我们西夏国并不惧怕你们！"说这话的人是阿沙敢不。

蒙古使臣回去后，就把在这里遇到的情况报告了成吉思汗。

成吉思汗听了，勃然大怒，立即从床上站起来。他对部下说："你们看，他们说出这样的大话，我们怎么可以回兵呢？"说完就大喊着命令大军紧急集合，立即向西夏国进军。

他左右的将士都来劝阻，成吉思汗愤怒地对他们说："西夏国王既然不知天高地厚，说了这样的大话，我们怎么能立即回去？我就是死了，我的魂灵也要去责问他，何况我现在还未死呢！"

成吉思汗带病上马，率领大军直接奔向贺兰山，去寻找西夏国决战。贺兰山在河套地区的附近，在宁夏首府西面30公里的地方，西夏人把那里作为牢固的防线，那里的树木都是青白色的，远远望去，好像是无数的骏马，北方人称呼骏马为贺兰，所以就把那里取名为贺兰山。

蒙古大军来到贺兰山前的时候，看见西夏的军队早已在山下驻扎下来了，询问他们的带兵的头领，回答说统兵的将领，就是上次说大话的阿沙敢不。

阿沙敢不看见蒙古大军开来，立即率领军队下山，迎战敌军。谁知道蒙古军士，岿然不动，只是用强弓硬弩射击敌人，压住阵脚。西夏国军队看见没有丝毫的缝隙可以寻找，无法冲进蒙古军营，就只得撤退回去。过了好一阵，西夏国军队又前来冲杀，蒙古军队仍然使用原来的办法，西夏军队的冲锋依然没有取得效果。

直到西夏军队发起第三次冲锋的时候，才听见喇叭一响，军营的大门全部打开，蒙古大军的千军万马，就像愤怒的潮水一样，排山倒海般地倾泻出来，来势凶猛，锐不可当。

那边西夏军队的气焰已经衰竭，这边蒙古大军的气势正在旺盛，任随他阿沙敢不如何口出狂言，如何胆大妄为，在此时也堵不胜堵，拦不胜拦。无可奈何，阿沙敢不只得率领士兵重新逃上山寨，躲避起来。

蒙古军哪里肯就此善罢甘休，全军将士奋勇地冲上山去，一齐杀入敌人营寨中，把阿沙敢不部下的将士杀死了一大半。阿沙敢不只得率领残兵败将，落荒而逃。

正如古代兵法上所说的，敌军衰竭我军旺盛，每战必胜，由此可见，成吉思汗真是善于用兵，是一位了不得的军事家。

成吉思汗占据了贺兰山后，立即又攻陷了黑水等城镇，后来因为天气炎热，蒙古将士的体能衰退，大军就在浑楚山休整避暑。

另有一支蒙古军进攻甘州。西夏甘州守将曲也怯律之子察罕当时是成吉思汗部下的将领，随蒙古军前来。在进攻之前，察罕将招降书绑在箭上射入城中，并且要求见他的13岁的弟弟，同时派遣使者入城，劝城民尽快投降，以免遭到灾祸。

甘州副将阿绰等人决心抵抗，谋杀了曲也怯律父子和蒙古使者，合力拒守。蒙古军招降失败，尽力攻打，很快攻破了城池。

避暑休整的蒙古大军直到凉爽的秋天到来，才又开始进攻西凉府以及绰罗和拉等郡县，这些地方都全部攻占了下来。接着，蒙古军队翻越沙陀，到黄河九渡那个地方，占领了雅尔等郡县，再一次围攻灵州。

成吉思汗大军逼近都城，这时西夏国国王派出嵬名令公率师10万增援，做最后的挣扎。

战斗进行得十分激烈，成吉思汗站在封冻的黄河上，下令放箭射敌人的脚，不让他们从冰上过来。

蒙古军队攻占了灵州城，进军到盐州川驻扎下来，当时天气寒冷，北风凛冽，雨雪交加，道路泥泞，无法行军作战，成吉思汗就命令军队驻扎下来，在这里度过年关。

不久后，腊月过去，春天回来，河面上的结冰刚刚融化。成吉思汗就立即率军渡过大河，攻下了积石州，攻破了临洮府，占据了洮河和西宁两个州，向德顺发起进攻。

西夏国的节度使官马肩龙这时正统领着德顺城，挺有才能，声名远扬。他听说蒙古大军到来，立即打开城门，英勇地与蒙古大军迎战。

两支大军混战了3天，蒙古军士死伤了不少，马肩龙部下的军士，也死伤了几百名之多。攻守双方都没有取得胜利，马肩龙因此派遣使者报告西夏国王，请求立即派兵援助。

这时的西夏国王李德旺，由于忧伤和恐惧生了病，不久后就去世了。李德旺死后，西夏国人推举他的侄子李睍继承王位。

李睍年龄还幼小，哪里晓得什么军政事务，各位将士大都是得过且过，投机钻营，牟取私利，各自凿穿山谷，修建仓库，藏匿财物，全都狡兔三窟，自寻后路。朝野上下的文臣武将，都愚蠢痴迷到了极点。这样，就把勇于作战的马肩龙的军情告急文书，高高地搁起，没有人予以理睬。

马肩龙等不来援军，不禁叹息了一声，说："西夏如此腐败，真是无可奈何，现在内无军粮，外无援军，只有我在城在，城亡我亡吧！除此之外，我是别无选择了！"

马肩龙又率军坚守了几天，终于经不住蒙古军的猛烈攻击，后来只得自己率领左右警卫军士冲出城门，与蒙古军队殊死战斗，直到蒙古军队把他包围了好几层，他还在手握大刀，圆睁着双眼，砍死了几名蒙古士兵。这时，蝗虫一样的箭头密密麻麻地向他飞来。马肩龙身上中了无数箭后，大叫了一声，口吐鲜血阵亡。

主将战死，城市很快陷落。

成吉思汗攻占了德顺州，接着，他率军到六盘山躲避酷暑，又派遣将领直接逼近西夏国的都城。西夏国王李睍得知蒙古大军兵临城下，惊慌失措，慌忙召集文武官员开会商议，他哪里知道，所有臣民，这时全都到窑洞中避难去了，根本没有人理睬那位无能的国王。后来听说窑洞中的臣民又被蒙古军队搜了出来，财物全部被抢掠，臣民全部被杀死。

在此期间，成吉思汗派察罕到中兴府谕降。夏主李睍粮尽援绝，偏偏这时又发生了强烈地震，城中房倒屋塌，瘟疫流行，军民更加困惫不堪。

夏主李睍被迫遣使向成吉思汗投降，提出的条件只是给予一个月的宽限时间，以便准备贡物，迁徙民户。

当时成吉思汗正在病中，便假意答应了夏主的请求。

西夏国自元昊称帝，总共传了10个国王，经历了201年，最后被蒙古大军灭亡。

精心筹划灭金大略

　　1227年春，成吉思汗灭亡了西夏国王，正想班师回朝的时候，忽然觉得身上一寒一热，交替发作，咳嗽不止。也速皇后整天精心侍奉在他的左右，随军的所有良医，都来进行诊治。成吉思汗壮志不已，带着患病之躯，又在进行新的战略构想。

　　成吉思汗在西夏灭亡大局已定的形势下，只留少量兵力在夏境等候接收投降，自率主力进入金国西境。在他避暑于六盘山时，精心筹划灭亡金国的军事大略。

　　成吉思汗首先考察了蒙金战争的新形势。他得知金国在近十年期间，曾经历了一段十分艰难曲折的道路。

　　金宣宗完颜珣在权臣术虎高琪的操纵下，为了补偿对蒙古作战的损失，发动了进攻南宋的战争，结果却是劳民伤财，徒伤国力，并且激化了金、宋矛盾，迫使南宋更加向蒙古靠拢，自陷于腹背受敌、四面楚歌的危险境地。

　　金哀宗完颜守绪于1224年即位后，为了集中力量抗蒙，主动停止了攻宋战争，重新调整兵力部署，把数十万主力部队屯驻潼关附近，并沿黄河1000多公里，分为四段派20万大军坚守。

　　现在，摆在成吉思汗面前的就是这样一种金军与蒙古军隔河对峙的局面。

成吉思汗又考察了南宋与金国的世仇关系。

宋朝从1126年以来,一直备受金国的欺凌。1127年,北宋被金国灭亡。南宋建立后,又屡遭金军南下攻掠,先后于1141年、1164年、1208年被迫与金国订立了丧权辱国的不平等条约,南宋割让6个州土地给金国,年年向金国纳贡,岁币由20万增为30万,南宋向金国称伯父。

自从蒙古发动攻金战争以后,一向对金国卑躬屈膝的南宋朝廷,态度逐渐强硬了起来,并为金国有难而幸灾乐祸,乘机停止了向金国交纳岁币。

宋、金历来战争的结局,从来都是以金胜、宋败而告终,唯独1217年至1224年的宋金战争,南宋因有黄河以北的蒙古军作为不结盟的盟军,形成对金军的南北夹击之势,故而取得了胜利。

成吉思汗还仔细地考察了蒙古与南宋的关系。蒙古、南宋之间,初期因有金国、西夏的阻隔,两国不相邻、不相属,也不直接交往。随着蒙、金战争的进程,蒙古和南宋双方都逐渐把对方当作可以借用的力量,成为不结盟的同盟关系。

1221年,成吉思汗在西征中,曾经亲自接见了南宋派来的使者苟梦玉,双方在攻打金国问题上达成了谅解和支持。

1223年,苟梦玉第二次出使西域,成吉思汗再次接见来使,并且进行密谈。

史料对他们两人的会谈内容没有记载,但历史学家从之后双方的言行分析,可能在两个方面达成协议:

第一,蒙、宋双方都把金国看作共同的敌人,并把对方视为对抗金国的同盟军;

第二,蒙、宋在适当时候联合起来灭金。

蒙、宋在以后的交往中,因为双方有着金国这个共同敌人,存在着许多一致性；但因为双方有着许多根本的利害冲突，又存在着对抗性。所以，蒙、宋关系也时好时坏。

1227年春，成吉思汗为探察绕道宋境攻金的路线，特遣一支游骑偏师，深入南宋利州路今四川北部、陕西南部及甘肃东南部一带，由此，成吉思汗已经十分清楚地洞察了从后侧迂回包围金国都城南京，即今河南开封的进军路线，但是必须向南宋借道并联合南宋，这是唯一的出路。

于是，在成吉思汗的脑海中，一个利用宋金世仇、借道宋境、联宋灭金的大迂回、大包围战略逐步形成了。

农历六月，成吉思汗从六盘山移营清水县的西江。当时天气酷热，65岁的成吉思汗患病，发起高烧。

他自知病情严重，活不多久了，而自己苦心谋划的灭金战略，也只能交由别人去实现。

于是，他召集拖雷及亲密部将，把胸中方略口授于众。

成吉思汗的灭金战略，大体分为两个方面：

其一，对蒙、金战略形势的客观、冷静分析。他认为，鉴于金军还有主力数十万，地处要冲，只靠蒙古军自身的力量从正面攻击，在短期内灭亡金国是不可能的。

其二，最终确定了利用宋金世仇，绕道宋境，实施大迂回的作战方略。

成吉思汗这一灭金战略，在其去世后，由儿子窝阔台、拖雷实施。

1231年春，蒙古军兵分3路：

东路出山东济南，以做牵制；

中路由窝阔台率领，从白坡南渡黄河，从正面进攻；

西路系3路之主力，由拖雷率领，从宝鸡南下，绕道宋境，经由川北、陕南入河南，包剿开封。

1232年农历正月，三峰山大战，歼灭金军精锐15万人，俘杀金帅两人。

郑州大战，歼灭金军主力10余万人，至此金军精锐已尽，金哀宗被迫逃离南京，辗转至蔡州。

1234年农历正月，宋、蒙联军攻破金国临时首都蔡州，金哀宗自杀，金国灭亡。

成吉思汗的灭金战略全部得到实现。由他亲自发动的蒙、金战争，历时24年，至此以胜利告终。

病危的成吉思汗还想到要彻底地向唐兀惕报仇雪恨，彻底消灭唐兀惕人。他的这一愿望也是在他死后才得到实现的。

他病危时，西夏首都兴庆正在陷落。成吉思汗心里清楚，假如他在这个时候死，那也是唐兀惕人导致的，因为正是这些不忠的附庸迫使他带病继续征战。

他指示部下说，他死后，作为献于他的遗体前的祭品，应当告诉他：大仇已报，唐兀惕王国已经消失，不复存在了。

成吉思汗还遗嘱说："每饭则应告朕：唐兀惕人已被消灭无遗矣！大汗已消灭其种矣！"

就这样，成吉思汗临终以前就已决定以屠杀整个唐兀惕人来作为自己死后的葬礼。

不过，后来唐兀惕人并没有一个不留地被杀绝，因为仅陪伴成吉思汗最后一次远征的也速一人就得到了许多唐兀惕人，这些唐兀惕人都成了她的奴隶。

上述这些胜利，为建立元朝全国大统一的多民族国家奠定了坚实的基础。

成吉思汗临终遗言

出征西夏，成吉思汗在围猎时坠马受伤。但成吉思汗带伤病出征，当他路过一个名为巴音昌霍克的地方时，手中马鞭突然失落，随行侍卫要下马拾取，成吉思汗阻止说："不要，马鞭失落必有缘由，我看此处是个风水宝地，将来我死后，就葬于此地为好。"

剿灭西夏以后，成吉思汗伤病日益恶化，纵使是人参和茯苓等名贵中药材，也无法医治好他的疾病，让他起死回生。

1227年农历七月，成吉思汗自知不久于人世，叫来窝阔台、拖雷以及诸子侄，说："蒙上天佑护，我建立了大蒙古国。从南到北，从东到西，不论到哪里，策马一年也走不到头。我的事业，需要你们继承，愿你们齐心协力，尊敬朋友，不可更改我的《札撒》，让大蒙古国永世长存，巩固下去！"

成吉思汗屏退左右，当面交代诸子说："我病势已不能救治，死期将近。赖天之助，我为你们建一广大帝国。若你们保其不致分解，则必须同心御敌，一意为你们自己及友朋增加富贵。你们中只能有一个继承汗位，我重申，由窝阔台为继嗣人，不得背我遗命。"又说，"如果我的儿子们个个都想当大汗，岂不是变成我常讲的故事中的多头蛇一样吗?"

在往日,成吉思汗为了促使儿子们同心御敌、不闹纠纷,经常给他们讲述多头蛇的故事。

这个故事是说:在一个寒冷的夜晚,有一条多头蛇想钻进洞里去御寒,但这条多头蛇的每一头都想最先进洞,哪个头也都不肯让步,结果这条多头蛇便冻死在洞口外边。

可是那些长着一个头的蛇,却都顺利地钻进洞里,安全地度过了严冬。

窝阔台等诸子听了父亲的临终遗言,一齐跪下说:"我们俯首听从您的命令和吩咐。"

成吉思汗在弥留之际,看见也速皇后在身旁侍奉着他,他就牵着她纤细的小手,对她说:"你精心地侍奉我已经有许多年了,从来也没有什么过失。现在你又主动提出跟随我出师远征,消灭了西夏。我们现在只希望回到国内以后,好好地和你们再团聚几年,共享荣华富贵,天伦之乐。没想到我今天已经病入膏肓,无可救药,难以医治。我死以后,你回去要告诉各位皇后,以及你的姐姐,一定要节哀,不要过于悲伤,都要好好地生活下去!"

也速不等到成吉思汗把话说完,早就已经痛苦地掉下泪来,悲痛欲绝,泣不成声。

成吉思汗坚强地忍住了眼中的泪水,对也速说:"人生就像早晨的露珠,转眼之间就消失了,有什么值得伤心的?你赶快替我把各位王公大臣叫进来,我还有很多话对他们说。"也速立即传令召见诸位王公大臣,他们全都到成吉思汗的床榻前,看望和问候成吉思汗。

成吉思汗对他们说:"我的病非常沉重,看来是好不了了,可惜的是各位皇子都没有跟随在身边。术赤已经在西域征战途中死去了,我叫察合台前去办理丧事,至今也没有回来。窝阔台呢,我命令他率领军队前去攻打金国，责问金国为什么不按时缴纳每年必须缴纳的黄金和财物；拖雷现在又正监守着故国的都城，不能离开远走。现在只有你们跟随在我的身边，其实你们都是我的亲戚和旧交，关系亲密无间，我死以后，国家里的一切大事，都全仗你们辅佐和扶持了！窝阔台为人谨慎，厚道老成，我过去已经命令他接替皇位，只是我们短时间内不能回到国内，你们就替我传达命令，叫拖雷暂时行使监国权利，治理好国家。"

成吉思汗又指着也速皇后，对各位王公大臣说："她跟随着我征讨西夏，我在生病时，她又悉心地侍奉我，真是劳苦极了，我也没有什么可以报答她的，只有从俘虏和抢掠的西夏国的子女和玉帛财物中，多分一份给她，这样也不枉她跟随我辛苦了一场！"王公大臣都齐声回答说，一定遵照他的嘱咐办。

成吉思汗的力气越来越弱，他安静下来，休息了一会儿，接着对各位王公大臣说："还有一件大事，你们为我告诉继位的皇帝：现在西夏已经灭亡，金国的势力已经孤单，但是金国拥有精兵强将，西面占据着潼关，南面占据了连山，北方有大河阻隔，此后我们的军队进攻的时候，纵使战争取得胜利，攻占了下来，恐怕也不能很快使他们灭亡。我的战略方针是从南宋的国土上绕道，宋朝和金国结有世世代代的仇恨，南宋必然允许我们从那里绕道，我们的军队首先率军攻打唐邓，直接攻占大梁，金国都城被我军围困后，一定要向潼关征调兵源，那时由于路途遥远，战事紧急，已经无法增援，纵使其他地方的援兵到来，由于千里奔驰，人马劳顿，到达时也早已不是我军的对手了，这样消灭金国就是很容易的事了。"

成吉思汗到死也不忘记攻城略地，开拓疆土，真不愧为"一代天骄"，旷世英雄。

1227年8月25日，成吉思汗病逝于甘肃东部山区渭河北面的清水县,终年65岁。

成吉思汗去世后,他的儿子和将臣遵其遗嘱,为之举行了特别的葬礼。

这次葬礼之所以"特别",主要表现在以下几个方面:

一是秘而不宣。

这是根据成吉思汗的遗命行事的。因为当时,西夏的投降事宜正在办理之中,金国与蒙古正处于对峙状态,南宋对蒙古的军事行动抱着等待观望的态度,蒙古军人正在迎接新的更大规模的战斗和胜利,因此秘不发丧对蒙古的军事行动及稳定内部等均为有利。

这是成吉思汗最后留给继承人的一条锦囊妙计。

遵此,成吉思汗的儿子、诸将,迅速把他的遗体装入灵柩北行,并将沿途遇到的人全部杀死,以防走漏消息。

二是丧期3个多月。

成吉思汗的灵柩运至克鲁伦河畔,陆续陈柩于其各斡露多中,丧期历时有3个多月。

因为蒙古大帝国远至西域,诸位宗王、公主、统将等在接到监国就是代理大汗拖雷的使者报告,长途跋涉,远道者3个月方至。

三是唱颂大汗的赞歌。

当载着成吉思汗的灵车离开他的斡露多时,一名蒙古歌手领头唱起了成吉思汗挽歌。

歌词大意是:

您成为遮天盖日的鹰羽,飞去了啊,我们的圣主!
大车荷载着您的灵车缓行,我们的君主!

您的蒙古亲族们，在遥远的地方痛哭，可亲的国主！
您的伟大国土故乡，都在等待您，我们的君主！

四是无陵墓的葬地。

成吉思汗的丧礼过后，人们便按照他生前狩猎时指定的地点，把他的遗体在此深深埋葬。

这个地点，处于鄂嫩河、克鲁伦河、土拉河3河发源地不尔罕山的起辇谷。

入葬后，人们遵循蒙古习俗，在成吉思汗的遗体深埋处，以群马踏成平地一般，规定任何人不得接近葬地。

随后即派出骑兵在周围看守巡逻，待来年青草茂密，葬地已和大地成为一样的面目，不见任何遗迹之时，才撤除警戒。至今，人们也无法寻其踪迹。

元代追成吉思汗庙号为太祖。

今天，在内蒙古伊克昭盟伊金霍洛旗境内，有重新修建的成吉思汗陵。

在那里存有他的遗帐和遗物，这不是成吉思汗的真正葬地，人们却可以从这窥视这位伟人极不平凡的一生，及其逝世后如何受到世人的敬重和仰慕。

自从成吉思汗死后，继位的其他几个可汗以及元朝的皇帝，死后也埋葬在萨里川，埋葬的办法也像成吉思汗那样"不封不树"，因此直到现在人们都找不到这些可汗与皇帝的陵墓。人们为了纪念成吉思汗，每年都到那里举行祭祀仪式。

成吉思汗去世后，大蒙古国召开忽里勒台，按成吉思汗生前决定，1229年由窝阔台继承汗位。

窝阔台继承父汗的遗志，制定灭金大略，农历七月率军伐金，经过禹山、钧州三峰山、铁岭、汴京、蔡州诸战役，终于在1234年农历一月消灭了金国。

1235年，窝阔台组织长子军，进行第二次西征，进军罗斯、孛烈儿、马札儿、布达佩斯等国。

但因1241年窝阔台汗去世，蒙古军东归。

窝阔台去世后，乃马真皇后掌政。

1246年贵由汗即位，但不久于1248年病逝，皇后海迷失执政。

1251年蒙哥汗即位，组织拖雷之子旭烈兀第三次西征，进攻波斯、叙利亚等地建立伊儿汗国。

同时蒙哥汗征南宋，派忽必烈征川滇，消灭大理国。

蒙哥亲自率军南下，1259年农历七月病死在金剑山温汤峡。

蒙哥汗死后，忽必烈于1279年完成统一中国的大业，开拓了领土，建立了多民族的统一的元朝大帝国。

附：年 谱

1162年，铁木真出生。

1189年，铁木真被推举为蒙古部汗。

1190年，十三翼之战爆发。

1194年，铁木真联合克烈部与金共同征讨塔塔尔部。

1196年，大败塔塔尔部。受金封为札兀惕忽里。灭主儿勤氏。

1197年，协助王罕复位。

1198年，与王罕联兵讨篾儿乞人。

1199年，与王罕联兵征乃蛮。其首领杯禄汗败走谦谦州。

1200年，与王罕联兵击败泰赤乌来犯之敌。捕鱼儿海子之战，与王罕联兵击破朵儿边、翁吉剌惕、塔塔尔等联军。

1201年，与王罕联兵击败札木合集团。

1202年，铁木真击灭四部塔塔尔人。纳也速、也速干二后。阔亦田之战，确定了蒙古本族的领导权。

1203年，铁木真灭克烈部，汗山之战。王罕被乃蛮边将执杀。

1204年，铁木真灭乃蛮，太阳汗受伤致死。

1205年，铁木真采用畏兀儿字母，创制蒙古文字。遣兵征西夏。

1206 年，铁木真即汗位，号成吉思汗，建大蒙古国。

1207 年，成吉思汗再征西夏。成吉思汗长子术赤征服林中百姓。

1208 年，太阳汗之子屈出律逃往西辽。

1209 年，成吉思汗三征西夏，夏主纳女请和。

1211 年，蒙古首度伐金，破河北、山东、山西 90 余州，围攻中都。金献岐国公主及金帛、马匹请和。蒙古撤兵。金迁都汴京。

1214 年，蒙古与南宋建立夹击金朝同盟。

1215 年，蒙古军占领中都，破金城邑多处。

1216 年，成吉思汗封木华黎为太师国王，总理伐金事宜。突马惕部叛乱，博尔忽阵亡。

1218 年，成吉思汗命哲别攻西辽。哲别杀屈出律，西辽灭亡。

1219 年，成吉思汗亲征中亚大国花剌子模。

1221 年，花剌子模国国王摩诃末死于里海一小岛上，传位于札兰丁。巴剌率军追击札兰丁进入北印度。

1222 年，成吉思汗流阿姆河，追讨札兰丁。印度河之战，札兰丁逃往德里。

1223 年，蒙古军攻入南俄，在迦勒迦河败罗斯、钦察联军。

1225 年，成吉思汗回师土拉河。

1226 年，成吉思汗进兵西夏，围攻中兴府。

1227 年，成吉思汗病逝。西夏亡。成吉思汗幼子拖雷监国。

1229 年，举行大会，推举成吉思汗子窝阔台为汗。